Petrus Ceelen

Unterwegs mit einem Grenzgänger

Begegnungen mit Ausgestoßenen

Schwabenverlag

Umschlaggestaltung und Layout: Ronald Parusel, Mössingen
Umschlagfoto: KNA-Bild, Frankfurt/Main
Satz: Schwabenverlag AG, Ostfildern
Herstellung: Gassner Druck, Reutlingen
Printed in Germany

ISBN 3-7966-0724-1

Inhaltsverzeichnis

Für

Anna, Andreas, Annette, Alex
Bernd, Brigitte
Claudia
Dietmar, Doris, Dieter
Evi, Egon
Franz, Frank
Gaby, Gunter, Gerhard, Gabriel, Günter
Harald, Helmut, Horst, Heiko, Hans
Ingrid, Ingo
Jackie, Jürgen, Jochen, Jan, Joachim, Jörg
Kurt, Katrin
Martin, Marlies, Manfred
Norbert, Nadja
Peter, Petra
Reinhold, Rainer, Renate
Stefan, Sabine, Silke, Sandra
Thomas
Uwe, Ulli

.. und die vielen anderen,
deren Namen geschrieben stehen
in Gottes Hand –
für immer und ewig.

Ein Hinweis

... der Mann, der im Dunkeln allein
trinkt: der niemanden hat,
daß er im Finsteren ihm
den Becher zuschöbe ...

Giorgio Caproni

Als ich das erste Mal diese Texte von Petrus Ceelen gelesen und mit ihm darüber gesprochen habe, beschlich mich ein Gefühl von Fremdheit. Gleichzeitig stellte sich Betroffenheit ein. Hier öffnet sich eine andere Welt, nein, hier tun sich Welten auf, von deren skurriler, deren absurder, deren hoffnungsloser »Geographie« ich nur eine vage Vorstellung hatte. Ja, dies ist tatsächlich eine Fremdheit, die uns ängstigt, vielleicht deshalb auch eine Fremdheit, die verdrängt werden will, gar eine Fremdheit, die »ausgemerzt werden muß«. Die Instrumentarien, die Waffen, sich dieser lästigen Wahrheit zu entledigen sind andere als das Feuer: die Mauer, die Isolation, die Unterführung, der Stadtrand, das Ghetto. Einfach die verordnete, die justitiable Ausgrenzung. Unsere Gerechtigkeit.
Und da ist dann einer, so wie Petrus Ceelen, der in diese andere Welt geht, von hier zu »diesen da«, und der mit ihnen umgeht, als gehörten sie zu uns. Er überschreitet die Grenzen und kommt zurück und berichtet davon. Jenseits von Sensation, jenseits von Sentimentalität, jenseits von Anklage. Denn dort gibt es eben nichts, was hier sensationell wäre, nichts was hier Gefühle auslöste, nichts was hier Schuld aufkommen ließe (»diese da« sind ohnehin selbst schuld daran!). Es sind klare Worte, ohne Einfärbung, ohne Pathos, ohne intellektuellen Anspruch auf Kenntnisvermittlung oder gar Aufklärung und gesellschaftliche Lösungsansätze. Petrus Ceelen erzählt die kurzen Geschichten von heillosen Menschen, läßt sie selbst zu Wort kommen, dokumentiert die »Gesetze« der anderen Seite. Und genau da stellt sich Betroffenheit ein. Denn für Petrus Ceelen sind dies Menschen wie Du und ich, und er bringt sie von seinen Grenzgängen gleichsam an der Hand mit und stellt sie mitten unter uns. Egal ob es der Knastbruder oder der Trinker, der Fixer oder das Strichmädchen, der Aidskranke oder der Obdachlose ist. Peter Ceelen ist bei dieser Vorstellung nicht penetrant, er will uns seine Schwe-

stern und Brüder nicht aufzwingen, er nötigt uns nicht, zu helfen, er reklamiert bei uns nicht, ihnen unsere Welt zu ermöglichen, nein, es geht ihm, so denke ich, um etwas anderes: Er will, im wahrsten Sinne des Wortes, Berührungsängste abbauen, er will, daß auch wir diese Menschen in ihrem Ausgegrenztsein annehmen, sie in ihrem Alleinsein hören und ihnen in ihre Einsamkeit hinein unser Wort sagen, unser Herz öffnen und unsere Hand reichen. Ja, er will, daß wir den Trinker aus seiner Sucht ein wenig lösen, den Drogenabhängigen auf seinem Weg durch die Hölle ein wenig begleiten, den Aidskranken in seiner körperlichen Erbärmlichkeit brüderlich und schwesterlich umarmen. Denn immer dann brechen wir Steine aus der Mauer, öffnen wir einen Spalt die Isolation, bringen wir Licht in die Unterführung, fangen Blumen am Stadtrand an zu blühen, werden wir zu Brückenbauer in das Ghetto der Ausgestoßenen.
Manche von uns mögen als außenstehende Betrachter anklagen: Warum läßt Gott denn überhaupt dieses Elend zu, warum schüttelt er all das Leid über diese Menschen, wo ist er denn überhaupt? Andere mögen fragen, was kann ich da schon dagegen machen, wie kann ich da schon helfen, was kann ich da schon tun? Mir fällt hierzu eine kleine Geschichte ein, deren Schluß ich nur noch kenne: Da war auch ein Mensch, vielleicht ein gerechter, der Gott anklagt ob all des himmelschreienden Elends, dem er begegnet. Und was machst du dagegen, Gott! Gott sprach zu ihm: Ich habe dich geschaffen.

Martin Günther

Am Rand – mitten unter uns

Ich bin viel unterwegs. Manchmal überschreite ich die Grenze. In Innsbruck sollte ich am Montagabend in der Hochschulgemeinde einen Vortrag über Aidskranke halten. »Es ist eine Besinnung über uns selbst gewesen«, sagt anschließend der Studentenpfarrer.
Am nächsten Morgen fahre ich weiter nach Wien. Dort treffe ich mich am Stephansdom mit Werner, der in Deutschland aus der geschlossenen Abteilung einer Psychiatrischen Klinik ausgebrochen ist und danach lange Zeit obdachlos war. Überglücklich zeigt er mir sein Zimmer, das er vor ein paar Tagen in einer Wohngemeinschaft bekommen hat.
Mittwoch ist Buß- und Bettag. Abends stehe ich im Asperger »Glasperlenspiel« vor einem vollen Haus. Hinter mir Margit Lehmanns gewaltige Bilder der Hohenasperger Gefängnismauern, Sinn-Bilder der Ausgrenzung. Vor diesem Hintergrund beginne ich meine Ausführungen…

Meine Damen und Herren, ich möchte Sie gewissermaßen an die Hand nehmen und Sie bitten, mit mir zu kommen. Ich führe Sie hin zu Menschen, die keine Damen und Herren sind. Zwischen ihnen und uns liegen Welten – und trotzdem sind sie uns ganz nahe.

Wir brauchen nicht weit zu gehen, um sie zu treffen. Am Bahnhof stehen sie herum, in der Fußgängerzone sitzen sie und betteln. Wieder andere liegen auf der Bank oder einfach auf der Straße. Wenn wir sie sehen, schauen wir weg – so, als wären sie eine Beleidigung für unsere Augen. Die sogenannten Penner stören uns, sie zerstören das schöne Bild vom Schwabenländle, wo doch alles so sauber sein soll. An allen Ecken und Enden zeigt sich, daß in unserem Wohlfahrtsstaat viele auf der Strecke bleiben und unzählige auf der Straße liegen. Mindestens 600 Männer und Frauen sollen es in Stuttgart sein. Und dann noch die Kinder, deren Zuhause die Straße ist.

Die Menschen am Rand sind nicht zu übersehen, aber wir nehmen sie nicht richtig wahr. Wir wollen nicht wahrhaben, daß es auch uns eines Tages so ergehen könnte. Dabei hatten einmal viele von ihnen – wie wir – einen schönen Platz in der Mitte. Nicht wenige gerieten durch eine gescheiterte Ehe, eine kaputtgegangene Partnerschaft an den Rand. Andere kamen durch den Verlust des Arbeitsplatzes oder der Wohnung vom Weg ab. Manche wurden durch einen Schicksalsschlag aus der Bahn geworfen.

Mitten in der Stadt sehen wir besonders viele Randexistenzen: Obdachlose, Alkoholiker, Landstreicher, Punks, Fixer, Bettler. Die schmuddeligen Gestalten zieht es vor allem in die Königstraße, wo sich derzeit die Drogenszene befindet.

Wir gehen weiter in die Heusteigstraße. Dort kehren wir in die Tagesstätte der Caritas ein. Im Saal sitzen etwa 80 Obdachlose beim Frühstück. Die Nacht haben sie irgendwo verbracht. Sie pennen mal hier, mal dort, nicht selten auf

BANK
CAMBIO
CHANGE
EXCHANGE

dem Klo. Das Leben auf der Straße ist hart, man sieht es ihnen an. In manchem Gesicht steht über das Leben mehr geschrieben als in einem dicken Roman. Viele sind gezeichnet vom Alkohol.
Zum Frühstück kommen jeden Morgen auch fünf bis zehn drogenabhängige Frauen, die nachts auf der Straße stehen, um die mindestens 200 Mark für ihren täglichen Drogenbedarf anzuschaffen. Dafür müssen sie – wie sie sagen – zwei Freier machen. Und sie müssen praktisch alles mit sich machen lassen. Oft werden sie geschlagen, und der »Liebeslohn« wird ihnen abgenommen. Hin und wieder werden sie vergewaltigt und aus dem Auto geworfen. Manchmal haben sie Glück: Der Freier nimmt sie mit heim. Endlich wieder ein Bett…
Wer nachts auf der Straße steht, hat einen schweren Stand. Die Strichmädchen stören die Anwohner, sie werden beschimpft und verjagt. Manchmal stehen sie die ganze Nacht frierend da – ohne eine müde Mark. Morgens bekommen sie »einen Affen«, wie sie den Entzug nennen. Dann können sie sich nach dem Frühstück nicht auf den Boden hinlegen und ein wenig ausruhen, sondern gehen unmittelbar wieder auf die Straße, in der Hoffnung, doch noch einen Freier zu machen – für den nächsten Schuß.
Beim Frühstück hat mir mal ein Obdachloser gesagt: »Ein Auto müßte man sein!« Der Satz hat sich in mir festgehakt. »Ein Auto müßte man sein!« Menschen, die auf der Straße leben, schauen voller Neid auf die Autos, die ins Parkhaus einfahren und dort ein Obdach haben. Menschen liegen nachts frierend auf der Straße, und nebenan stehen Parkhäuser leer – hermetisch abgeriegelt mit einem eisernen Vorhang. »Ein Auto müßte man sein!« Das denken auch die Kinder, wenn sie die Riesen-Parkplätze sehen und selbst keinen Platz zum Spielen haben. »Ein Auto müßte man sein!«… träumt so manches Kind. Dann wäre mein Zimmer so groß wie die Garage von meinem Vater. Das

Auto ist unsere heilige Kuh, unser goldenes Kalb. Ihm opfern wir jedes Jahr rund 10 000 Männer, Frauen und Kinder. Wir nennen sie »Verkehrsopfer« – warum nicht »Menschenopfer«? Das Auto ist tatsächlich unser liebstes Kind. Es wird verwöhnt und verhätschelt, während unsere Kinder verwahrlosen. Kinder sind bei uns eine Randgruppe. Die Kleinen werden von uns Großen an den Rand gedrängt.

So sind wir wieder bei uns. Können Sie mir noch folgen? Jetzt geht es hinauf zum Hohenasperg. Wir gehen durch das sogenannte Löwentor und sehen gleich die alten Gefängnismauern. Seit Jahrhunderten stehen sie da, um den Ausbruch der Insassen zu verhindern – und den Einblick von außen. Es ist gut, daß uns an den sonnigen Nachmittagen das Elend hinter der Mauer verborgen bleibt, denn sonst könnten wir die schöne Aussicht auf dem »höchsten Berg des Landes« kaum noch genießen. Und auch das Viertele in der Schubartstube würde uns nicht mehr schmecken. Die Mauer steht hinter dem Wallgraben. Sie ist ein Schutzwall, der auch die Gefangenen beschützt. Hinter der Mauer kann sich auch der größte Verbrecher sicher fühlen, und keiner braucht Angst zu haben vor einem Racheakt. Und wenn ich höre, wie manche Brüder am Stammtisch über »die da oben« herziehen und was sie mit »solchen« machen möchten, dann denke ich: Es ist doch gut, daß es die Mauer gibt.

Die Mauer ist auch eine Trennwand: Sie soll die Guten trennen von den Bösen. Die Mauer hält die Fiktion aufrecht, daß es zwei Sorten Menschen gibt: die Kriminellen und die Nicht-Kriminellen. Aber auch die höchste Gefängnismauer kann nicht darüber hinwegtäuschen, daß die Menschen vor und hinter der Mauer innerlich eng miteinander verwandt sind. Wer glaubt, daß er keine kriminellen Neigungen in sich hat, kennt sich selbst schlecht. Jeden Tag kommen dunkle Geschäfte von angesehenen Bürgern ans

Licht. Wie vielen bin ich auf dem Hohenasperg begegnet, die mir gesagt haben: »Nie habe ich jemandem etwas zuleide getan, und jetzt soll ich, ich einen Menschen umgebracht haben!?« Viele können es nach Jahren immer noch nicht fassen, daß sie dazu imstande waren. Aber offenbar ist jeder dazu in der Lage. Jeder ist ein potentieller Mörder. Die Gefahr, sich für besser zu halten als andere, ist für die Asperger besonders groß, weil sie eigentlich immer auf die »bösen Buben« schauen und wie der Pharisäer beten können: »Herr, ich danke Dir, daß ich nicht so bin wie die dort oben!« Bei der Eröffnung der »Asperger Woche« wurde hier bedauert, daß das Gefängnis auf dem Hohenasperg bleibt und es daher nichts wird mit der dort geplanten kulturellen Einrichtung. Das Gefängnis scheint für viele Asperger der Schandfleck der Stadt zu sein, genauso wie es der Knast in Ludwigsburg war – und dann noch neben dem Forum! Inzwischen ist das Gefängnis in Ludwigsburg abgerissen; die Gefangenen wurden ausgelagert. In Heimsheim steht der Knast mitten im Wald und ist »unsichtbar«, so daß er niemandem mehr ein Dorn im Auge ist.
Wir drängen die Kriminellen immer weiter an den Rand, weil wir den eigenen kriminellen Bruder in uns verdrängen. Wir schicken Straftäter wie Sündenböcke in die Wüste des Gefängnisses, wo sie hinter der Mauer verschwinden. Die Gefangenen sollen ruhig auf dem Hohenasperg bleiben, denn sie gehören zu uns. Die Kriminellen sind ein Teil von uns. Der Hohenasperg ist ein Mahnmal, ein Denkmal: Denk mal, wie schnell Du auf der anderen Seite der Mauer sein kannst!
Nicht nur Gefangene werden an den Rand gedrängt, sondern auch Kranke. Vor kurzem stand in der Zeitung, daß Anwohner sich gegen ein Hospiz wehrten, weil dann der Leichenwagen öfters durch den Ort fahren würde. Wir drängen die Kranken, die Alten und Behinderten aus unserer Mitte heraus, weil bei uns nur noch die Gesunden zählen.

Nach diesem kleinen Abstecher gehen wir ins Gefängnis hinein; aber erst müssen zwei schwere Tore sich nacheinander öffnen und schließen. Wir kommen in den schönen Hof, der wie eine Parkanlage anmutet. Hier dürfen sich allerdings nur wenige Gefangene beim Hofgang aufhalten. Die meisten Insassen haben ihre Freistunde auf einem der »Hinterhöfe« oder »Hühnerhöfe«, wie die Gefangenen sie nennen. Während wir uns noch im Hof umsehen, ruft uns ein Gefangener aus seinem Zellenfenster zu: »Reicht Euer Geld nicht, um in die Wilhelma zu gehen?!« Die meisten Insassen reagieren verärgert auf Besuchergruppen. Hinter den Gitterstäben fühlen sie sich begafft wie exotische Tiere im Zoo.

Nachdem uns mehrere Türen aufgeschlossen und hinter uns wieder zugeschlossen wurden, kommen wir auf die »Chirurgie«. Dort liegen etwa 25 Gefangene, die operiert wurden: Blinddarm, Leistenbruch, Magen, Galle. Manche Patienten sind lange Zeit ans Bett gefesselt, oder sie gehen »am Stock« als Folge von Sportunfällen, Schußverletzungen, Fluchtversuchen. Einige haben sich selbst verletzt.

Nun gehen wir einen Stock tiefer auf die »Psyche«. Dort treffen wir Gefangene, die sich die Pulsadern aufgeschnitten haben. Auch sogenannte »Selbstbeschädiger« und »Schlucker« sind hier untergebracht. Sie haben Nägel, Rasierklingen, Kugelschreiberminen geschluckt: arme Schlucker! Viele Patienten auf der Psychiatrie leiden an unsichtbaren Wunden und inneren Verletzungen. Zum Beispiel Jörg. Sein Herz blutet immer noch an dem Stich, den ihm seine Mutter zugefügt hat: »Hätte ich dich doch rechtzeitig wegmachen lassen!« Und Harald kann nicht vergessen, daß sein Vater ihm gesagt hat: »Ich hätte dich gleich ersäufen sollen!« Manche Wunde bleibt für immer offen: »Ich habe einen Menschen auf dem Gewissen.« Manche Narbe platzt immer wieder auf: »Du bist schuld, daß Mutti sich das Leben genommen hat!« Viele psychisch kranke

Gefangene sind innerlich ganz wund, vielfach verwundet. Manche haben ein Loch in der Seele, das auch mit einer hohen Dosis Psychopharmaka nicht gestopft werden kann. Wie soll ihre Seele heil werden, wenn sie 23 Stunden am Tag hinter Schloß und Riegel »abgelegt« werden – wie manche Gefangenen sagen.
Auf den beiden »Inneren Abteilungen« treffen wir Gefangene, die psychosomatisch krank und erschreckend viele, die drogenabhängig sind. Hinter der Mauer sehen wir, was uns »draußen« weithin verborgen bleibt: Mit steigendem Wohlstand steigt die Zahl derer, die Drogen brauchen, um unser »schönes« Leben aushalten zu können. Manche Drogenabhängige liegen in der »Aids-Zelle«. Hinter Gittern mit dem Tod vor Augen zu leben, ist keine schöne Aussicht. Sie haben Angst, daß es ihnen wie ihren Vorgängern ergeht, die bis kurz vor ihrem Tod gefangen gehalten wurden. Sterben durften sie draußen!
Vielleicht verstehen Sie allmählich, warum der Hohenasperg »Tränenberg« genannt wird. Vieles ist zum Heulen, vor allem auf der Abteilung für chronisch psychisch Kranke. Dort liegen Gefangene, die seelisch am Boden sind und nicht mehr die Kraft haben aufzustehen. Nahezu den ganzen Tag liegen sie im Bett. Auch das Angebot der Beschäftigungstherapie können die meisten nicht annehmen. Sie sind lebendig begraben. Ihre Zelle ist ihr Grab.
Insgesamt liegen hier im sogenannten Vollzugskrankenhaus etwa 180 Menschen, die gefangen und krank sind. Die meisten von ihnen sind auf engstem Raum in einer Mehrmannzelle untergebracht. Nicht nur das Eingesperrtsein ist für sie eine starke seelische Belastung, sondern auch das ohnmächtig Ausgeliefertsein an ein allmächtiges System. Alles ist genau reglementiert, jeder Schritt wird kontrolliert, jede Kleinigkeit muß beantragt werden. Durch die vielen Vorschriften und Verfügungen bekommt der Gefangene das Gefühl, daß ihm sein eigenes Leben nicht mehr gehört.

Als kranker Gefangenen ist er auch noch den Vollzugsärzten ausgeliefert, die in seinen Augen meist nur Handlanger der Justiz sind. Viele Gefangene sagen: »Das Schlimmste, was einem Gefangenen passieren kann, ist im Knast auch noch krank zu werden.«
Jeder Besuchergruppe auf dem Hohenasperg wird der Röntgenraum, der Operationssaal und das moderne Laboratorium gezeigt. Der Besucher sieht aber nicht, wer eigentlich im Knast sitzt. Es sind vor allem die Kleinen und die Armen unter den Gefangenen, denen oft nicht einmal das Geld für einen Anwalt reicht. Bei einem kurzen Besuch im Knast bekommt man auch nicht mit, was die Strafe anrichtet, und daß manche einfach am Eingesperrtsein zugrunde gehen. Ich habe viele tausend Gefangene kommen und gehen sehen, doch ich kenne nicht einen, der durch den Knast besser geworden ist. Dagegen habe ich manchen kennengelernt, der hinter Gittern erst kriminell geworden ist. Ich habe viele gesehen, die aus dem Gefängnis ganz anders herausgekommen als sie hineingegangen sind: gefährlicher und voller Haß. Durch die oft jahrelange Inhaftierung werden viele Insassen noch lebensuntüchtiger und kommen draußen erst recht nicht (mehr) zurecht. Ein Großteil der Gefangenen war schon so oft im Knast, daß sie drinnen weniger Probleme als draußen haben. Sie wissen, daß die eigentliche Strafe erst nach der Entlassung beginnt. Nicht wenige haben Angst vor dem Tag, an dem sich das Tor für sie wieder öffnet.
Wir dagegen sind froh, wenn das Tor aufgeht und wir wieder draußen sind. Wir holen tief Luft und gehen nun zu Menschen, die hinter unsichtbaren Mauern gefangen sind. Wir besuchen Sabine, die früher auf den Strich ging. Im Knast hat sie erfahren, daß sie HIV-positiv ist. Sie sagt uns: »Als ich es erfuhr, stand ich plötzlich vor einer Riesenmauer, viel höher als die Knastmauer.«

HIV-Infizierte und Aidskranke stoßen an allen Ecken und Enden auf die Mauer der Ausgrenzung, und die kennt keine Grenzen. Manchmal verläuft sie durch die eigene Familie. Bei Sabine war es so, daß ihr Bruder den Eltern gesagt hat: »Entweder zieht die Schlampe aus, oder ich gehe!« Und die Geschwister von Manfred machen der Mutter klar: »Wenn der zu deinem Geburtstag kommt, kommen wir nicht!«
Viele Betroffene werden geschnitten, nicht nur von ihren Angehörigen. Da sagt Peter: »Es tut schon weh, wenn einem keiner die Hand mehr gibt.« Oft werden die Infizierten unnötig mit Handschuhen angefaßt. Vor ein paar Tagen sah ich im Krankenhaus, wie eine Schwester sich demonstrativ die Gummihandschuhe anzog, bevor sie dem Patienten das Fieberthermometer überreichte – ohne ihn zu berühren. Einem anderen Infizierten wird im Krankenhaus das Essen mit Gummihandschuhen serviert: »Guten Appetit!« Als ich einem toten Aidskranken ein Kreuz auf die Stirn zeichnete, war die Krankenschwester neben mir entsetzt: »Wissen Sie denn nicht, was der hat?« Nachdem Gunter endlich einen Zahnarzt gefunden hat, bekommt er zu hören: »Der versaut unsere Geräte, den nehmen wir als letzten dran!« Und seine Freundin, die er unwissentlich infiziert hat, sagt ihm nach Jahren noch: »Ich ekle mich immer noch vor dir. Du hast mich verseucht, und darum kann ich keine Kinder bekommen.« Aids ist wie die Pest. Und die Aidskranken und Infizierten fühlen sich oft nicht nur wie Aussätzige, sie werden auch so behandelt. Da macht ein Beamter auf dem Sozialamt sofort das Fenster auf, wenn Ulli eintritt, als würde er die Luft verpesten. Und die Eltern von der kleinen Tanja müssen aus ihrem Heimatort wegziehen, nachdem dort jeder weiß, was die Kleine hat und so für sie kein Platz im Kindergarten ist.
Aids ist mehr als eine Krankheit. Aids berührt sämtliche Tabu-Themen unserer Gesellschaft: Sexualität, Homo-

sexualität, Sucht, unheilbare Krankheit, Tod. Man könnte meinen, daß Sexualität bei uns nicht mehr tabu ist. Im Fernsehen wird zwar viel Sex gezeigt und öffentlich über Sexualität geredet, aber nicht offen. Wir machen Andeutungen und Anspielungen, wir machen Witze und ziehen »es« ins Lächerliche, aber wir bringen unsere Sexualität nicht zur Sprache, erst recht nicht unsere eigenen homosexuellen Neigungen und Erfahrungen. Wir reden viel über Drogensucht, aber nicht über unsere eigenen Süchte. Wir sehen jeden Tag im Fernsehen eine Menge Tote, aber viele von uns haben noch nie einen Menschen sterben sehen. Aids macht uns nicht zuletzt soviel Angst, weil es uns bewußt macht, wie nahe Liebe und Tod beieinander liegen. Es ist für uns beängstigend, daß Liebe zum Tod führen kann.

Aids gibt uns zu denken – in vielerlei Hinsicht. Auf dem Aids-Kongreß in Amsterdam sah ich, wie die Pharma-Industrie ihre Präparate und Geräte in Riesen-Hallen zur Schau stellte – aber auch ihre Ohnmacht. Seit mehr als zehn Jahren sind die Gelehrten der Welt hinter dem Virus her, das zu sagen scheint: »Ätsch! Ätsch! Ihr kriegt mich nicht!« Ist das nicht dämonisch?

Nein, der Teufel steckt nicht im Virus, sondern in uns Menschenkindern, die wir sein wollen wie Gott und glauben, alles im Griff zu haben. Aids setzt unserem Fortschrittsglauben eine Grenze. Aids konfrontiert uns mit unseren Grenzen, vor allem mit der Grenze unseres Lebens. Ja, unsere Zeit ist begrenzt. Wenn wir uns dessen bewußt sind, leben wir bewußter. Infizierte und Kranke leben anders als wir Gesunde, die wir unsere Zeit oft mit belanglosen Dingen vergeuden. Dietmar sagt: »Seit ich weiß, daß meine Zeit bemessen ist, konzentriere ich mich auf das, was wirklich wichtig ist. Früher war es für mich eine Katastrophe, wenn der VfB Stuttgart verlor, heute sehe ich, wie unwichtig das ist.« Von den Infizierten können wir lernen zu leben.

Wir sind am Ende unseres gemeinsamen Weges angekommen. Es war kein gemütlicher Spaziergang, aber ich hoffe, daß uns unterwegs die Augen aufgegangen sind. Wenn wir die Menschen am Rande sehen, nehmen wir uns selbst anders wahr. Die Gefangenen schärfen uns den Blick für das, was uns auf unserem Lebensweg erspart geblieben ist. Die »Penner« auf der Straße halten uns vor Augen, daß unser Leben auch ganz anders hätte verlaufen können. Die Landstreicher verhelfen uns zu der Einsicht, daß auch wir eigentlich nur auf der Durchreise sind. Die Obdachlosen öffnen uns die Augen, daß wir alle miteinander ohne festen Wohnsitz sind.

An der Grenze des Lebens

Der Zentralrat des Deutschen Caritasverbandes befaßte sich auf seiner Frühjahrstagung 1991 in Passau mit dem Thema: »Wert des Lebens«. Das ungeborene Leben ist dem geborenen gleichwertig, wird von kirchlicher Seite immer wieder betont. Zu Recht. Die Kirche schweigt aber oft, wenn es um den Schutz des geborenen Lebens geht. Dieser Vorwurf klang mit, als ich vor dem »Hohen Rat« über »Grenzsituationen des Lebens« sprach.

Ich komme mir manchmal vor wie ein Grenzgänger. Seit vielen Jahren gehe ich zu den Ausgegrenzten hinter der Mauer. Im Gefängniskrankenhaus auf dem Hohenasperg bei Ludwigsburg fühle ich mich oft wie ein Mülleimer, in den die Gefangenen ihren »Dreck« abladen, oder wie eine Klagemauer, vor der die Insassen ihr Leid ausschütten. Ich höre täglich ein paar Passionsgeschichten. Manche fingen schon vor der Geburt an: Manche Gefangene wissen, daß ihre Mutter sie abtreiben wollte. Jeder vierte ist unehelich geboren. Viele bekamen nach der Geburt zu spüren, daß sie im Weg stehen und nur eine Last sind.
Letzte Woche erzählte mir Horst seine Kindheit: erst bei der Mutter, dann bei Fremden, dann bei der Oma, dann bei der Tante, dann bei einer anderen. Die wurde krank. Horst kam mit vier ins Heim. Später zurück zur Tante und mit neun Jahren wieder ins Heim. Inzwischen hatte die Mutter wieder geheiratet, holte Horst heim; aber der Stiefvater wollte ihn nicht haben. Also zurück ins Heim, später ins Erziehungsheim. Mit 14 fing er an zu klauen, mit 16 kam er in den Knast. Diebstahl und Fahren ohne Führerschein: 1 Jahr und 3 Monate. Eine typische Gefängniskarriere. Viele Straftäter sind Heimkinder. Inzwischen ist Horst 38 Jahre und hat davon fast 21 Jahre im Knast verbracht. Immer nur Diebstähle und Fahren ohne Führerschein. Er liegt bei uns auf der Psychiatrie. Horst glaubt, er sei der Sohn von Michail Gorbatschow. Viele Gefangene sind ihr Leben lang auf der Suche nach ihrem Vater.
Wenn man sieht, wie hart Eigentumsdelikte bestraft werden und wie milde manchmal Verbrechen gegen das Leben, könnte der Eindruck entstehen, daß nicht das Leben, sondern das Eigentum das höchste Gut in unserer Gesellschaft sei. Der Mammon ist uns heilig. Und das Allerheiligste ist die Bank. Für einen Bankraub mit einer Spielzeugpistole erhält der Täter mindestens fünf Jahre. Genausoviel wie ein anderer wegen einer Giftgasfabrik.

Daß ein Polizist auf einen unbewaffneten Dieb schießen darf und dies manchmal auch ohne Vorwarnung tut oder ihn gar erschießt, zeigt uns, daß das Leben eines Menschen mitunter nicht viel zählt, erst recht nicht das Leben eines Kriminellen.
Auf dem Hohenasperg liegen viele Menschen an der Grenze des Lebens. Manche liegen in der Aids-Zelle: Sie ist meist mit vier Fixern belegt. Sie haben das Todesurteil in der Tasche. Nur das Datum ist noch offen. »Einen Wunsch habe ich noch«, sagte Jan, ein junger Fixer. »Ich möchte noch ein Mal den Wald sehen.« Jan hat ihn nicht mehr gesehen, denn als er vom Hohenasperg im Rollstuhl zu seiner Mutter entlassen wurde, war er schon so krank, daß er daheim ans Bett gefesselt war und einige Wochen später starb. Jan hatte noch das Glück, daß seine Mutter ihn aufnahm, während andere Aidskranke nicht heimgehen können, weil sie kein Zuhause haben oder ihre Angehörigen nicht bereit bzw. in der Lage sind, sie aufzunehmen. Die Bereitschaft dazu ist auch in »normalen« Krankenhäusern oft nur gering. Daher haben aidskranke und auch krebskranke Gefangene die Angst, daß sie im Gefängnis sterben müssen. Das ist für sie das Letzte. Diese Menschen brauchen ein Haus, wo sie noch ein wenig leben, aufleben können – und in Würde sterben. In jedem Gefängnis, und erst recht in einem Gefängniskrankenhaus, zeigt sich, wieviele junge Menschen den Drogen verfallen sind. Manche Drogenabhängige stehen seit zehn, fünfzehn Jahren mit einem Fuß im Grab. Sie leben ständig an der Todesgrenze. Nach der Inhaftierung kommen sie in den Entzug. Viele liegen tagelang mit furchtbaren Schmerzen auf der Akut-Psychiatrie oder halb im Koma auf der Intensivstation.
Die Droge Nr. 1 ist der Alkohol. Jede Stunde stirbt ein Mensch an den Folgen des Alkohols. Bei den meisten Familientragödien ist Alkohol im Spiel. Durch alkoholbedingte Unfälle verlieren jährlich mehr Menschen ihr Leben

als durch Mord und Totschlag. Trotzdem kommen Verkehrssünder nur ganz selten in den Knast. Der Schutz des Lebens erforderte eigentlich ein striktes Alkoholverbot für Autofahrer, aber allein schon die Senkung der Promillegrenze ist politisch nur schwer durchsetzbar. Bei uns auf der Psychiatrie wird sichtbar, wieviele Menschen ertrinken, untergehen im Alkohol. Da wacht ein Obdachloser aus seinem Rausch auf. Ihm wird eröffnet, daß er seinen Saufkumpanen erschlagen hat. Da ist ein ganz normaler Mann verrückt geworden, weil er im Vollrausch als Geisterfahrer vier Menschen totgefahren hat.

Fast jeden Tag werden Gefangene zu uns gebracht, die versucht haben, sich zu erhängen, oder sich die Pulsadern aufgeschnitten haben. Manche psychisch Kranke sind psychotisch. Sie leiden unter Verfolgungsängsten und glauben, daß ihr Essen vergiftet sei. Manche sind schizophren, gespalten – ein Riß geht durch ihre Seele. Ein Patient hat sich vor ein paar Wochen seinen Penis abgeschnitten, obwohl er kein Sexualtäter ist. Er weiß selbst nicht, warum. Vielleicht auch nur deshalb, weil er 23 Stunden am Tag in seiner Zelle gefangen, eingesperrt ist. Viele psychisch kranke Gefangene werden vollgestopft mit Psychopharmaka und dämmern den ganzen Tag vor sich hin.

Vor allem auf der Psychiatrie gibt es viele Klagen, Anklagen: »Das, was man mit mir hier macht, macht man mit keinem Tier.« Andere beklagen sich, daß sie in einer Nacht- und Nebelaktion auf den »Buckel« gekarrt wurden, nur weil es in ihrer Anstalt ein paar Problemchen gab. Es kommt in der Tat nicht selten vor, daß schwierige oder renitente Gefangene mit der »Psyche« bestraft werden sollen und die Psychiatrie als Reglementierungsinstrument dazu mißbraucht wird. Lehnt sich ein Gefangener gegen die »Behandlung« auf, gibt es mitunter eine Zwangsbehandlung – und Bunker. Dort ist er dann splitternackt, »um ihn vor sich selbst zu schützen«.

Die Psychiatrie im Strafvollzug ist ein finsteres Kapitel, aber die Zustände in vielen psychiatrischen Anstalten vertragen auch kein Licht. Auch dort werden die Kranken oft nur verwahrt, ruhiggestellt, abgespritzt. Auch in Alten- und Pflegeheimen, in Behinderteneinrichtungen und Krankenhäusern hat der Patient oft das Gefühl, daß er kein Mensch mehr ist, sondern nur noch ein Pflegefall, ein lästiges Objekt.

Im Gefängnis fühlen sich viele Gefangene nur verwahrt, wie ein Stück Gepäck im Schließfach, versehen mit einer Nummer. Der Gefangene wird »unter Verschluß genommen«, der Täter »dingfest« gemacht. Der Mensch wird zum Ding. Nicht wenige Insassen haben das Gefühl, wie ein wildes Tier im Käfig gehalten und gefüttert zu werden. Wer als fluchtverdächtig oder gefährlich gilt, wird mit einem Katalog von Sicherheitsmaßnahmen lahmgelegt:

- Vor Verlassen des Haftraums ist der Gefangene auf dem Rücken zu fesseln.
- Einzelhofgang (Fesselung auf dem Rücken bleibt bestehen!)
- Vor evtl. Abnahme der Handfessel (z. B. beim Arzt) ist Fußfessel anzulegen.
- Essensausgabe, Wäschetausch nur durch die Klappe.
- Ausschluß von sämtlichen Gemeinschaftsveranstaltungen, einschließlich Gottesdienst.

Wie kann ein Mensch so leben? Monatelang. Wie kann ein Mensch überleben, wenn er noch fünf, zehn oder fünfzehn Jahre Knast vor sich hat? Manche Gefangene haben eine open-end-Strafe: Lebenslänglich oder Sicherheitsverwahrung. Andere wurden in die Psychiatrie eingewiesen und haben Angst, daß sie überhaupt nicht mehr herauskommen. Wie können Menschen lebendig bleiben, wenn sie nur tote Mauern um sich haben, tagein, tagaus, jahrein, jahraus!

Viele Gefangene leben in einem sogenannten »Wohn-Klo«. Das Klo steht in der Ecke einer Mehrmannzelle. Im Bei-

sein der Zellenkollegen muß der Gefangene seine Notdurft verrichten – während diese u. U. gerade beim Essen sind. Manchmal steht nicht mal eine Schamwand dazwischen. Auch für mich ist es peinlich,wenn ich die Zellentür aufmache und den Gefangenen gerade auf dem Topf antreffe. Viele Einzelzellen sind doppelt belegt, die meisten Anstalten überbelegt. Eigentlich dürfte der Staat nicht mehr Menschen einsperren, als er menschenwürdig unterbringen kann. In den Gemeinschaftszellen liegen die Inhaftierten oft hautnah nebeneinander (16 qm für fünf Personen ist keine Ausnahme). Den Luxus, ein paar Schritte auf und ab zu gehen, kann sich einer nur dann leisten, wenn seine Kollegen im Bett liegen. Manches Tier ist humaner untergebracht. Der Affe im Zoo kann froh sein, daß er dort seinen Käfig hat. Ein Schäferhund hat weitaus mehr Bewegungsfreiheit als ein gefangener Mensch. Ein Zwinger muß 6 x 4 Meter groß sein. Werden in einem Zwinger zwei Schäferhunde eingesperrt, protestiert der Tierschutzverein wegen Tierquälerei.
Nicht nur Gefangene sind oft menschenunwürdig untergebracht. Aussiedler und Asylbewerber hausen in Sammellagern, Containern oder z.B. im alten Gefängnis von Ludwigsburg. Viele Asylbewerber sind auch gefangen. Sie dürfen ein begrenztes Gebiet nicht verlassen und nicht arbeiten gehen. An jedem Bahnhof, in jeder Unterführung sehen sie: Ausländer raus! Kanaken raus! Die Fremden müssen sich bei uns einiges gefallen lassen. In der Straßenbahn oder am Arbeitsplatz werden sie angepöbelt. Manche werden zusammengeschlagen. Asylbewerber haben Angst vor Skinheads. Sie haben nachts Angst, daß ihre Unterkunft angezündet wird.
Angst treibt viele Menschen an die Grenze des Lebens.

- Da traut sich eine Mutter nicht, tagsüber mit ihrem mongoloiden Kind spazieren zu gehen. Sie geht abends, wenn niemand sie sieht.

– Da schreibt mir eine Mutter einen anonymen Brief, aus Angst, daß sie sich verraten könnte. Ihr Junge hat sich durch ein Blutplasma infiziert und ist an Aids gestorben.
– Da schreit nachts die dreijährige Tochter eines Gefangenen nach ihrem Papa. Nach der Verhaftung hatte sie ihn wochenlang in der Wohnung gesucht. Jeden Morgen fragt sie: »Mama, ist der Papa heute nacht gekommen?« Dann zieht die Kleine ihre Schuhe an und setzt sich vor die Haustür und wartet und wartet auf ihren Vater. Die Geschichte vom verlorenen Vater.

Grenzsituationen des Lebens sind oft auch materieller Art. Hin und wieder rufen mich Frauen von Gefangenen an und bitten um Geld: »Ich habe noch fünf Mark, erst in zehn Tagen bekomme ich wieder Sozialhilfe.« Ende der 80er Jahre gab es in der Bundesrepublik über drei Millionen Sozialhilfeempfänger.

Viele Menschen leben ständig an der Grenze, am Rand unserer Gesellschaft, am Straßenrand. Allein in München gibt es 2000 Obdachlose. Sie liegen auf der Straße – auch nachts. Andere legen sich auf der Toilette hin – bis morgens die Stadtreinigung kommt. Manche pennen auf dem Friedhof. Einige sind in diesem Winter erfroren. Andere versuchen im Knast zu überwintern und so zu überleben. Aber überleben ist nicht leben.

Ist das Leben lebens-wert? Das ist keine akademische Frage. Ist das Leben *dieser* Menschen wert, gelebt zu werden? Das ist die Frage.

Hamburger
Hamburger Sparkasse
82

Auf der anderen Seite

Die Gefangenen sind eine Randgruppe in der Gesellschaft, ebenso die Gefangenenseelsorger – auch in der Kirche. Die rund hundert Pfarrer, Pastoralreferenten, Schwestern und Diakone kommen jährlich einmal zu einer Tagung zusammen, jeweils in einer anderen Stadt. In Dresden trafen sich die »Knastpfarrer« 1992 zum ersten Mal im Osten der Bundesrepublik. Dort hatte das Tagungsthema »Gefängnisseelsorge zwischen Angst und Vertrauen« einen ganz besonderen Sitz im Leben. In den neuen Bundesländern sitzt das Mißtrauen der Bediensteten gegenüber dem Seelsorger besonders tief. Berührungsangst ist spürbar – auf beiden Seiten. Aber auch in den alten Bundesländern ist ein vertrauensvolles Miteinander oft nicht (mehr) möglich.
Nachdem Sozialarbeiter und Psychologen selbstverständlich ihren Dienst im Vollzug tun, sind viele Gefängnisseelsorger verunsichert und fragen immer wieder nach ihrem Selbstverständnis. So sollte ich ihnen den Rücken stärken mit einem Plädoyer für die Gefängnisseelsorge. Es war gleichzeitig meine Abschiedsrede an meine Schwestern und Brüder, die mir zu Freunden geworden sind.

Meine lieben Geschwister, manchen von Euch mag es sonderbar erscheinen, daß ich hier ein Plädoyer für die Gefängnisseelsorge halte, nachdem ich nicht mehr im Knast bin. Ich denke, das ist besser so, denn auch bei der Verhandlung ist es nicht gut, wenn der Angeklagte selbst das Plädoyer hält. Und als Gefängnisseelsorger sitzt man in gewisser Weise ja auch auf der Anklagebank.
Da gibt es Anstaltsleiter, die offen für die Abschaffung der hauptamtlichen Gefängnisseelsorger plädieren. Zum Beispiel der Leiter der Vollzugsanstalt Bruchsal und Vorsitzende der Anstaltsleiter der Bundesrepublik. Er hält die unverhältnismäßig hohe Zahl hauptamtlicher Seelsorger in den »winzigen Gefängnisgemeinden« für einen personalpolitischen Luxus. So sehen es wohl auch viele Pfarrer in den Gemeinden. Sie beklagen, daß sie allein dastehen für eine Riesengemeinde oder für mehrere Gemeinden mit vielen tausend Seelen, während der Knastpfarrer nur ein paar hundert »Männeken« hat, die der Kirche sowieso fernstehen. Auch viele Gemeindemitglieder können nicht verstehen, daß bei dem katastrophalen Personalmangel in der Kirche sie immer noch Pfarrer, Pastoralreferenten, Schwestern und Diakone für die Gefangenen übrig hat. Manche halten das für eine Fehlinvestition, die sich nicht rechnet. Eine Mutter von drei heranwachsenden Söhnen fragte mich einmal: »Warum kümmern Sie sich um die Gefangenen, bei denen ist doch schon alles zu spät. Kümmern Sie sich lieber um die Jugend hier in unserer Gemeinde!«
Von den verschiedensten Seiten ist zu hören, daß man keine Gefängnisseelsorger mehr brauche oder daß sie durch Psychologen ersetzt werden sollten. Argumentiert wird mit dem nachlassenden Interesse an religiöser Betreuung und mit dem Rückgang der Gottesdienstbesucher. Das stimmt. Auch wenn in manchen Anstalten sonntags die Kirche immer noch voll ist, machen wir uns nichts vor. Wir wissen, daß der Gottesdienst den Gefangenen zu allen

möglichen Zwecken dient. Für viele ist der Gottesdienst nicht mehr als eine Freizeitveranstaltung. Einer sagt zum Beispiel: »Die Messe ist für mich eine kleine willkommene Abwechslung im langweiligen Alltag, ähnlich wie Duschen.«

Nicht nur hier im Osten, auch in den alten Bundesländern ist das Interesse an religiöser Betreuung nur noch gering, und die Nachfrage nach dem Heilsangebot der Kirche wird immer dünner. Es steht außer Frage: Wer unter Seelsorge nur religiöse Betreuung versteht und den Dienst des Seelsorgers auf kultische Handlungen und geistlichen Zuspruch beschränkt sieht, der kann leicht, ja der muß eigentlich zu der Auffassung kommen, daß keine Seelsorge mehr notwendig ist und die Seelsorgerinnen und Seelsorger im Knast überflüssig sind. Dahinter steckt immer noch die irrige Vorstellung, daß der Seelsorger nur für den inneren Bereich des Menschen zuständig ist. Der Begriff »Seelsorge« ist mißverständlich, weil im gängigen Sprachgebrauch »Seele« als Gegenstück des »Körpers« oder auch des »Geistes« gesehen und demnach die Psyche als ein Teil des Menschen verstanden wird. Ureigentlich aber bedeutet Seele der ganze Mensch. Der Mensch *hat* keine Seele, er *ist* Seele. Seelsorge ist Dienst am ganzen Menschen. So steht der Seelsorger dem Gefangenen in all seinen Sorgen und Nöten helfend zur Seite. Zur Seelsorge gehört immer die Diakonie: jeder Seelsorger ist auch Sozialarbeiter. Aber worin unterscheidet sich der Seelsorger vom Sozialarbeiter? Worin unterscheidet sich der Seelsorger vom Psychologen? Immer mehr Seelsorger haben eine psychologische Zusatzausbildung. Viele reden von einer »therapeutischen Seelsorge«. Worin aber unterscheidet sich die Seelsorge von den anderen Diensten?

Während viele Sozialarbeiter und Psychologen und erst recht Anstaltsärzte und Vollzugsleiter sich den Gefangenen holen (lassen), sucht der Seelsorger den Gefangenen auf in seiner Zelle. Er geht auf ihn zu und besucht ihn in seinem Wohn-Klo, wo er allein oder mit anderen lebt. Beim Zellenbesuch ist manches anders als bei einem Hausbesuch draußen, wo viele sich hinter einer Fassade verbergen können. Beim Zellenbesuch ist alles viel offener. Da gibt es keine Bühne, keine Kulissen. Die Not vieler Gefangener ist in der Zelle offensichtlich. Manche Zelle ist tapeziert mit Pornobildern und Nacktfotos. Der Gefangene stellt sich bloß, während der Seelsorger neben ihm auf seinem Stuhl oder auf seinem Bett sitzt. Der Seelsorger setzt sich aus beim Zellenbesuch. Er ist auch der Kritik ausgesetzt. Bei seinen Besuchen bekommt er einiges zu hören – nicht nur über die Justiz, sondern über Gott und die Welt, über die Kirche, allen voran den Papst. Trotzdem geht der Seelsorger immer wieder zu den Gefangenen in die Zellen, in den Arrest, in den Bunker. Er läßt sich führen von dem Leitsatz: »Und ihr seid zu mir gekommen.«

Ich selbst tat mich anfangs sehr schwer, die Gefangenen in ihren Zellen aufzusuchen. Ich war unsicher, ob sie das überhaupt wollen. Ich traute mich auch nicht so recht, die Zellentür aufzumachen. Ja, ich hatte Angst, Schwellenangst. Als ich dann aber sah, wie die meisten sich über meinen Besuch freuten, überwand ich mit der Zeit meine Angst. Es tat mir gut, so freundlich empfangen zu werden. Und in all den Jahren ist es mir nur ein einziges Mal passiert, daß ein Gefangener mich hinausgeworfen hat. Das war an Heiligabend, wo er lieber allein sein wollte.

Beim Zellenbesuch bieten Gefangene einem oft alles an, was sie haben – und sei es noch so wenig: eine Zigarette oder auch nur ein paar Krümel Tabak, einen Kaffee. Und manchmal wird auf den Stuhl noch schnell ein Kissen gelegt. Vor allem der Gefangene, der nahezu den ganzen Tag hinter Schloß und Riegel sitzt, freut sich über einen Besuch. Allein schon deshalb, weil seine Zellentür aufgeht und er für die Zeit des Besuchs nicht so eingesperrt ist. Ganz be-

sonders sind Gefangene dankbar, wenn man sie im Arrest oder im Bunker besucht. Das vergessen sie nicht so schnell. Vor ein paar Wochen sprach mich in der Drogenszene in Stuttgart ein Fixer an: »Wir kennen uns. Sie sind doch der Petrus vom Hohenasperg!? Sie sind damals zu mir gekommen, als ich auf der Zelle ›46‹ auf der ›Psyche‹ lag. Ich hatte damals einen wahnsinnigen Entzug. Mein erster Entzug im Knast. 1978 war das.« Nach 14 Jahren also hatte er mich noch in guter Erinnerung, während ich ihn schon längst vergessen hatte.
Viele Gefangene sind glücklich, wenn der Seelsorger sie besucht. Manche können es kaum fassen. Der kommt zu mir! Der nimmt sich Zeit für mich! Schon mehrmals haben Gefangene mir gesagt.: »Ich bin es doch nicht wert, daß Sie Ihre kostbare Zeit für mich opfern.« Mit dem Zellenbesuch sage ich dem Gefangenen: Du bist mir wichtig! Das baut ihn oft mehr auf als eine Predigt. Manche Insassen sind so dankbar für den Besuch des Seelsorgers, daß sie sich bei ihm mit einem Gegenbesuch bedanken und sonntags zum Gottesdienst kommen. Manche malen ein Bild oder schreiben ein Gedicht als Dankeschön. »Danke, daß Sie mich besucht haben!« Diesen Satz haben wir alle wohl schon oft gehört. Mir kam es manchmal so vor, als ob ich Jesus selbst sagen hörte: »Ich war im Gefängnis, und Du bist zu mir gekommen.«
Wir kennen diesen klassischen Text der Gefängnisseelsorge aus Matthäus 25. Wir kennen ihn auswendig, aber verstehen wir ihn auch? Es ist alles andere als selbstverständlich, daß Jesus sich so mit den Gefangenen identifiziert. Eigentlich ist es nicht zu fassen, daß wir beim Zellenbesuch Jesus begegnen. Auch wenn Identifikation nicht dasselbe ist wie Identität, trotzdem bleibt die Frage, wieso Kriminelle etwas mit Jesus zu tun haben sollen. Warum sollen Ganoven, Verbrecher und Mörder Brüder Jesu sein? Oder bezieht sich das Wort Jesu nur auf die Glaubensbrüder, die zu Un-

recht im Gefängnis sitzen? Nein, Jesus unterscheidet nicht zwischen guten und bösen Gefangenen oder zwischen politischen Gefangenen und Kriminellen. Er unterscheidet nicht zwischen selbstverschuldetem und unverschuldetem Leid, wie wir es immer wieder tun.
Auch als Seelsorger für Aidskranke stoße ich immer wieder auf diesen Punkt, auf diesen wunden Punkt: Menschen, die an ihrem Unglück selbst schuld sind, verdienen keine Hilfe. So bekam ich vor ein paar Tagen von einem Professor einen Brief als Antwort auf einen Artikel von mir in einer Caritas-Zeitschrift. Darin schrieb ich, daß gerade Aidskranke unsere Solidarität und Hilfe bräuchten. Der Professor dagegen meinte: Wir sollten erst einmal denen helfen, die unverschuldet Not leiden. Wenn die Caritas Menschen hilft, die es nicht verdienen, würde sie in Verruf geraten.
Wenn ich auf Jesus schaue, dann sehe ich, daß er seine Hilfe nicht davon abhängig macht, ob jemand seine Notlage selbst verschuldet hat oder nicht. Jesus wendet sich vor allem den Menschen zu, die es nicht verdient haben. Nicht umsonst wird er »ein Freund von Sündern und Zöllnern« genannt. Jesus hatte keinen guten Ruf. Daß Jesus ausgerechnet beim Oberzöllner Zachäus einkehrt, hat der Großbetrüger sicher nicht verdient. Zachäus ist ein Gauner, der mit allen möglichen Tricks den Leuten das Geld aus der Tasche zieht und für die Heiden in Rom arbeitet. Kein Wunder, daß die Leute murren.
Beamte und Gefangene murren auch, wenn der Seelsorger bei »so einem« einkehrt. »Sie wissen wohl nicht, was der angestellt hat?«, meinten Beamte mir immer wieder sagen zu müssen. Als ich mehrmals einen Gefangenen, der ein 12jähriges Mädchen vergewaltigt hatte, zum Gespräch holte, sagte mir sein Zellenkollege: »Sie kümmern sich wohl nur um solche Schweine und Kinderficker! Der gewöhnliche Knacki, der zählt bei Ihnen wohl nicht!«

Daß Jesus der Ehebrecherin beisteht, hat sie wohl auch nicht verdient. Sie hatte die Todesstrafe verdient. Die Schriftgelehrten und die Pharisäer hatten das Recht auf ihrer Seite, als sie die Frau steinigen wollten. Aber Jesus stellte sich auf die andere Seite.

Der Seelsorger stellt sich manchmal auch auf die Seite des Schuldigen, nicht um ihn zu ent-schuldigen, sondern weil er etwas anderes will als der Strafvollzug, als das Vollziehen von Strafen. Der Seelsorger weiß, daß viele Gefangene schon bestraft genug sind. Das Leben hat sie vielfach bestraft. Auch wenn der Seelsorger dem Vollzug mehr oder weniger loyal gegenübersteht, geht ihm manche Strafe dennoch zu weit. Da soll ein Gefangener, der den Arrest verbüßt, auch noch mit dem Ausschluß aus dem Gottesdienst bestraft werden. Der Seelsorger kann nicht zulassen, daß das Straf-Recht den Gefangenen ganz entrechtet, auch dann nicht, wenn der Gefangene einen Beamten angegriffen hat. Manchmal stellt der Seelsorger sich ganz offen auf die »falsche« Seite, wenn er in einem Konfliktfall Partei ergreift gegen die Beamten und dadurch zum »Nestbeschmutzer« wird. »Der fällt uns in den Rücken«, heißt es vom Seelsorger, der einem Gefangenen beisteht, der von einem Beamten geschlagen wurde.

Sicher kann es nicht so sein, daß der Seelsorger grundsätzlich auf der Seite des Gefangenen steht. Manchmal muß er Partei für den Beamten ergreifen und ihn in Schutz gegen Gefangene nehmen. Grundsätzlich steht der Seelsorger dem Strafrecht kritisch gegenüber, das die Schuld des Täters als Grundlage für die Zumessung der Strafe nimmt. Im Hinblick auf die Schuldfrage ist der Seelsorger sehr zurückhaltend und verweist darauf, daß das endgültige Urteil über einen Menschen einem anderen vorbehalten ist, der ganz anders urteilt als wir Menschen. Darum verurteilt der Seelsorger nicht wie der Richter. Dieser spricht zwar Recht, aber die Rechtsprechung ist oft ungerecht. Vieles, was

rechtmäßig ist, ist nicht recht. Der Seelsorger klagt nicht an wie der Staatsanwalt. Dieser hat zwar das Gesetz auf seiner Seite, aber das höchste Gesetz ist die Liebe, und diese ist jedem Gesetz vorgeordnet. Der Seelsorger ent-schuldigt auch nicht, wie mitunter der Rechtsanwalt.
Vielmehr ist der Seelsorger ein Anwalt der Barmherzigkeit, der Misericordia. Er hat ein Herz für die Armen, er schielt nicht zuerst auf das Recht, sondern er sieht vor allem den Menschen in seiner Armseligkeit. So wie der Herr im Gleichnis vom hochverschuldeten Knecht nicht auf die Schuld schaut, nicht die Geldsumme betrachtet, sondern den Schuldner sieht und seine Familie. »Da hatte der Herr Erbarmen mit dem Knecht, ließ ihn gehen und schenkte ihm die Schuld.« Gott wird in seinem Innersten vom Menschen angerührt. Wenn er sein Elend sieht, stößt er alle Rechtsgrundsätze um und erläßt dem Menschen seine Schuld. Wie groß die Schuld auch immer sein mag, Gottes Herz ist größer. Die Moslems haben hundert Namen für Allah. Der letzte Name ist der »All-Erbarmer«. Der All-Erbarmer: Er ist unser Leitbild. Barmherzigkeit ist unser Leitmotiv. Und selbst wenn wir als Seelsorger in vielen Fällen das Gleiche tun wie der Sozialarbeiter und Psychologe, unser Beweggrund ist ein anderer: Erbarmen. Das ist es, was uns bewegt und zu den Gefangenen auf die Zellen gehen läßt. Das ist das Eigenartige an uns, daß wir auch noch in der elendsten Kreatur den Funken Gottes sehen. Ob einer seinem Kind die Kehle durchgeschnitten hat oder ob einer seine Tochter mit vier Jahren vergewaltigt hat, jeder ist und bleibt ein Kind Gottes. Für uns Seelsorger gibt es keinen qualitativen Unterschied zwischen Verurteilten und Nicht-Verurteilten, zwischen Verbrechern und uns Sündern. Alle miteinander sind wir auf das Erbarmen Gottes angewiesen. Darum stellen wir uns nicht über den Gefangenen und machen ihn nicht zum Objekt unserer Barmherzigkeit. Vielmehr wissen wir uns auf einer Stufe mit dem Straftäter und

rufen zusammen mit ihm das Erbarmen Gottes an: Herr, erbarme dich unser!

Bei der Verkündigung geht es uns weniger um den verlorenen Sohn als um den barmherzigen Vater. Er empfängt ihn mit offenen Armen und veranstaltet dann noch ein großes Fest. Das ist ungerecht – sagt der ältere Sohn. Der barmherzige Vater verstößt gegen das Prinzip der Gleichbehandlung, das dem Vollzug so heilig ist. Er handelt pädagogisch falsch – denn Strafe muß sein. Wo kämen wir sonst hin? Auch Seelsorger tun manches, was aus pädagogischer Sicht fragwürdig ist. Sozialarbeiter und Psychologen schütteln immer wieder den Kopf über unsere »Werke der Barmherzigkeit«.

- Wir lassen Gefangene von unserem Diensttelefon aus anrufen, statt daß sie es selbst bezahlen. Der Sozialarbeiter sagt: »Wer kein Geld zum Telefonieren hat, der soll schreiben.«
- Wir geben Gefangenen Tabak, statt ihnen beizubringen, ihr Geld einzuteilen.
- Wir begleiten Gefangene beim Ausgang, obwohl manche es sicher nicht verdient haben.

Wer barmherzig ist, fragt nicht nach Schuld. Ja, gerade den Schuldigen gegenüber hat Barmherzigkeit sich zu bewähren. Da ist der Pfarrer, der Erich Honecker bei sich aufnimmt, obwohl er selbst unter dem früheren Staatsratsvorsitzenden viel zu leiden hatte. Der Seelsorger soll ein Anwalt der Barmherzigkeit sein in einem System, das oft kein Erbarmen kennt. Er plädiert für Gnade, aber dafür gibt es in einem Rechts-System kaum Platz. Die Justitia will Recht und Gerechtigkeit. Sie will die Waage des Rechts wieder ins Gleichgewicht bringen – mit verbundenen Augen. Sie hat kein Auge für den Menschen, der das Unrecht begangen hat. Für sie zählt nur die Tat, nicht der Täter. Ihm wird die Rechtsprechung oft nicht gerecht. Und auch im Vollzug kommt allzu oft zuerst der Paragraph – und dann erst der

Mensch. Jesus dagegen sagt: »Das Gesetz ist für den Menschen da.« Das Gesetz ist kein Selbstzweck, sondern soll dem Menschen dienen. Es soll den Schwachen schützen. Auch in der Justiz gilt das Gesetz des Stärkeren. Daß vor dem Gesetz nicht alle gleich sind, ist offensichtlich – aber mit verbundenen Augen kann man das nicht sehen.
Mir sind im Gefängnis die Augen aufgegangen. Ich habe den Menschen gesehen in seiner ganzen Erbärmlichkeit. Ich habe gesehen, daß der Vollzug zum Erbarmen ist. Ich habe gesehen, wie grausam Justitia, wie erbarmungslos Gerechtigkeit sein kann. Zur Barmherzigkeit im Gefängnis gehört für den Seelsorger auch, daß er ein Herz für die Beamten hat, denn sie sind in vieler Hinsicht noch ärmer dran als die Gefangenen. Der sogenannte »Schließer« ist selbst ein Gefangener, der praktisch lebenslänglich hat. Er ist gefangen in einer Vielzahl von Vorschriften und Verfügungen. Der Beamte muß sich täglich als »Wachtel« und »Bulle« beschimpfen lassen. Er spürt, daß viele Gefangene ihn verachten, ja hassen. Viele Beamte beklagen sich darüber, daß sie gar nicht wahrgenommen werden. Dem Seelsorger werfen sie vor, daß er immer nur den »armen« Gefangenen sieht, aber kein Auge für die Not der Bediensteten hat. Der Seelsorger im Gefängnis kann aber nicht gleichermaßen für alle da sein. Er ist an erster Stelle Seelsorger der Gefangenen: Gefangenenseelsorger.
Als Seelsorger bieten wir dem Gefangenen einen durch die Schweigepflicht geschützten Freiraum an, wo er frei sprechen kann. Im vertraulichen Gespräch unter vier Augen braucht der Gefangene nicht die Angst zu haben, daß der Seelsorger manches nicht für sich behält oder aktenkundig macht. Viele Gespräche beim Seelsorger sind Aussprachen. Sie erleichtern nicht nur die Gefangenen, sie bringen auch der Anstalt eine Entlastung. Ich bin sicher: ohne Seelsorger gäbe es in der Anstalt mehr Aggressionshandlungen, Kurzschlußhandlungen und Suizidversuche.

Der Seelsorger wird oft auch geholt, um die Ruhe wiederherzustellen, um einen tobenden Gefangenen zu beruhigen, um einen Hungerstreikler wieder zum Essen zu bringen. Kurz, um Gefangene wieder funktionsfähig oder vollzugstauglich zu machen. Der Seelsorger gehört zum »Reparaturkommando«, wie der ehemalige ärztliche Direktor vom Vollzugskrankenhaus Hohenasperg die Sonderdienste nannte. Der Seelsorger stützt das Vollzugssystem, auch wenn er das nicht will. Er trägt dazu bei, daß die Vollzugsmaschinerie läuft. Er ist das Öl, das man braucht, sobald die Maschine nicht mehr wie geschmiert läuft, sobald es irgendwo hapert. Gleichzeitig ist der Seelsorger auch Sand im Getriebe. Ohne ihn würde manches besser laufen. Er ist Sand im Getriebe, weil für ihn Sicherheit und Ordnung nicht das höchste Gebot sind. Er ist Sand im Getriebe, weil er Kritik übt und Übergriffe auf wehrlose Gefangene durch Beamte oder Mitgefangene nicht schweigend hinnimmt. Er protestiert laut, wenn die Menschenwürde mit Füßen getreten wird. Er macht sich zum Anwalt derer, die sich nicht verteidigen können, und auch zum Sprachrohr der Ausländer, die kein Deutsch können. Er erhebt seine Stimme für die Stummen. »Ohne Sie würde es uns hier noch viel schlechter gehen«, sagen vor allem die Gefangenen, die ganz unten in der Hackordnung stehen. Das Plädoyer der Gefangenen für den Seelsorger ist oft nur ein Satz, aber sehr vielsagend: »Ich bin froh, daß Sie da sind.« – »Wenn ich Dich nicht hätte!« Ohne den Seelsorger wären viel Gefangene ärmer dran. Sie hätten auch keine Verbindungsmann nach draußen. Nicht nur die Gefangenen, auch die Kirche wäre ohne Gefängnisseelsorger ärmer, noch ärmer an Glaubwürdigkeit. Der Gefangene erlebt Kirche in und durch Menschen, die auf ihn zugehen, die ihm zuhören, die sich ihm zuwenden, die ihm zugeneigt sind. Der Gefangene begegnet Kirche in Menschen, bei denen er spürt, daß sie ihm helfen möchten, auch wenn sie wissen, daß sie oft hilflose Helfer sind.

Ich bin sicher, wenn die Menschen draußen Kirche auch so positiv erleben würden, wie die Gefangenen drinnen, hätte die Kirche ein ganz anderes Image. Ihr wird oft zu Recht der Vorwurf gemacht, daß sie auf der Seite der Mächtigen stehe. Wenn sie wirklich eine Kirche der Armen wäre, wenn sie sich für die Schwachen in der Tat stark machen würde, dann hätte sie auch eine ganz andere Akzeptanz.
Wenn die Kirche im Vollzug nicht mehr präsent wäre, dann wäre das ein Armutszeugnis. Natürlich ist der Gefängnisseelsorger auch ein Alibi für die Kirche, und es ist fragwürdig, ob es richtig ist, die Verantwortung von Kirchen und Gemeinden für die Gefangenen an einige wenige Profis zu delegieren, damit die anderen sich nicht mehr darum zu kümmern brauchen. Aber auch wenn der Gefängnisseelsorger diese Alibifunktion erfüllt, so ist sein Dienst an den Gefangenen doch uralt und urchristlich, denn Seelsorge ist Dienst der Versöhnung, die allen Menschen durch das Kreuz Jesu widerfahren ist.
Es genügt nicht, daß wir von Versöhnung sprechen und Vergebung predigen. Versöhnung, Vergebung, Gnade sind für Gefangene nur Worthülsen oder »leere Bibelsprüche«, wie sie sagen. Unsere Aufgabe ist es, sie mit Leben zu füllen. Der Gefangene soll Versöhnung erleben. Und das tut er, wenn er spürt, daß er für den Seelsorger nicht der Fixer, der Betrüger, der Knacki ist, sondern ein Mensch, der wert ist, geliebt zu werden. Wenn ein Mörder spürt, daß er vom Seelsorger angenommen ist, dann sagt ihm das mehr, als eine lange Predigt über Vergebung und Versöhnung. Durch Annahme, durch Zuwendung, durch eine liebevolle Begegnung von Mensch zu Mensch geschieht Versöhnung. Der Seelsorger legt den Gefangenen nicht fest auf seine Vergangenheit, er nagelt ihn nicht fest auf seine Tat, er fixiert ihn nicht auf seine Akten. Der Seelsorger ist nicht fixiert auf die Schuldfrage, vielmehr reicht er jedem die versöhnende Hand und wird so zum Handlanger Gottes. Der

Seelsorger gibt weiter, was er selbst immer wieder neu empfängt: die Güte Gottes. Davon leben wir alle – jeden Tag neu! Wir alle leben davon, daß wir angenommen sind, so wie wir sind. Gleichzeitig aber haben wir auch Angst. Ich weiß nicht, ob es Euch auch so geht, aber ich habe Angst, daß Gott mich beim letzten Gericht auf die Anklagebank setzt, daß er meine Akte aufschlägt, daß er mein Leben durchblättert.

Wir alle haben mehr oder weniger Angst vor der End-Abrechnung, denn wenn Er all unsere Sünden anrechnet, kann wohl keiner von uns bestehen. Die Bibelstellen über einen strafenden Gott sitzen so tief in uns, daß sie uns Angst machen. Aber wir haben auch Vertrauen. Wir haben die Zuversicht, daß zu guter Letzt die Barmherzigkeit ausschlaggebend sein wird, so wie es im Jakobusbrief heißt: »Die Barmherzigkeit aber triumphiert über das Gericht.«

So gehen wir unseren Weg weiter – zwischen Angst und Vertrauen. Seien wir weiterhin barmherzig, liebe Geschwister, so wie unser Vater im Himmel barmherzig ist. Gott will, daß wir barmherzig sind. Die Geschichte vom unbarmherzigen Gläubigen lehrt uns, daß Gott die Schuld vergibt, und sei sie noch so groß. Aber die Moral der Geschichte ist, daß Gott Unbarmherzigkeit nicht vergibt.

Seien wir barmherzig miteinander, liebe Geschwister! Das heißt nicht, daß wir miteinander nicht streiten sollen. Bei allem, was uns trennt, verbindet uns auch sehr vieles, vor allem das Herz für die Gefangenen. Seien wir auch barmherzig mit denen, die uns unversöhnlich gegenüberstehen.

Ich bin zwar seit Anfang des Jahres nicht mehr im Gefängnis, doch ich suche auch draußen Menschen auf, die hinter unsichtbaren Mauern gefangen sind. Ihre Zimmer sind oft nicht viel größer als Gefängniszellen. Viele Aidsinfizierte sind eingemauert in ihrer Angst. So bin ich immer

noch Gefangenenseelsorger. Meine Gefangenen werden nicht eines Tages entlassen. Sie alle haben lebenslänglich und keine Hoffnung auf Begnadigung. In dieser Woche sind zwei aus meiner »Gemeinde« gestorben: Jochen und Heiko.
Liebe Geschwister! Suchen wir weiterhin den gefangenen Menschen, dann finden wir uns. Suchen wir weiterhin den geringsten Bruder, dann finden wir ihn!

Am Boden

Sonntagmorgen auf dem Hohenasperg. Rund 50 Gefangene kommen zum Gottesdienst, manche auf Krücken. Die meisten sind draußen nicht einmal an Weihnachten in die Kirche gegangen. Wer aber im Knast zum Gottesdienst geht, ist eine Stunde weniger in seiner Zelle eingesperrt.
In der Mauer-Gemeinde ist alles anders als in einer »normalen« Gemeinde. Auch ich bin anders. Im Knast kann ich mich nicht mit einem liturgischen Gewand verkleiden oder mich hinter der Kanzel verstecken. Ich stehe einfach da, mitten unter den Gefangenen – ohne vorformulierte Gebete, ohne Predigtkonzept. Ich spreche frei aus dem Herzen und bringe auch meine eigene Not offen zur Sprache.

Meine lieben Brüder, das Gleichnis vom barmherzigen Samariter ist keine schöne Geschichte. Erst recht nicht für uns Kirchendiener. Wir werden hier bloßgestellt.
Ich bin auch so ein Kirchendiener. Ich gehe hier im Haus an manchem vorbei, der »halbtot am Wegesrand« liegt. Ich lasse ihn liegen, links liegen. Oft weiche ich aus und gehe vorbei. Ich habe keine Zeit. Ich habe Wichtigeres zu tun. Dabei weiß ich ganz genau, wie viele von Euch darauf warten, daß endlich einer kommt, der sich Eurer annimmt. Ich weiß, daß mancher immer noch darauf wartet, daß ich ihn mitnehme in mein Dienstzimmer, das wie eine Herberge ist in der Einöde des Knastes. Ich weiß, daß die Tasse Kaffee dort für manchen wie ein Glas Wasser in der Wüste ist. Ich weiß, wie gut es vielen tut, wenn sie ihre Wunden wenigstens einmal einem Menschen zeigen können.
Ich weiß, daß ich manchen von Euch mit seiner Not allein lasse, liegen lasse. Das tut mir leid. Es tut mir mehr leid, als ich Euch sagen kann. Ich möchte in keine Entschuldigungen ausweichen, aber auf meinem täglichen Gang durch das Haus übersehe ich so manchen, der am Boden liegt. Ich sehe ihn nicht in seiner Not. Vielleicht, weil ich mit den Jahren betriebsblind geworden bin.
Manchmal sehe ich die Not, aber ich will sie nicht wahrnehmen. Oder ich kann sie nicht mehr sehen. Es ist zuviel für mich. Es gibt Zeiten, da kann ich den Anblick von all dem Leid nicht mehr aushalten und das Jammern nicht mehr hören. Dann schleiche ich mich in mein Zimmer und will meine Ruhe haben. Manchmal fühle ich mich so überfordert, daß ich davonlaufen möchte, heraus aus dem Knast, weit weg von all dem Elend. Manchmal fühle ich mich so unwohl in meiner Helferrolle. Da arbeite ich in einer Institution, die Menschen zugrunde richtet, und gleichzeitig soll ich sie wieder aufrichten. Ich soll mit der einen Hand die Wunden verbinden, die mit der anderen Hand geschlagen werden. Ein komischer Samariter.

Es gibt Tage, da fühle ich mich genauso hilflos und hilfsbedürftig wie die Menschen, denen ich helfen soll. Manchmal kommt es mir vor, wie wenn ich selber am Boden läge, und den anderen helfen soll aufzustehen.
In meiner Hilflosigkeit möchte ich manchmal um Hilfe schreien. Ganz laut, damit jeder mich hört und mich sieht in meiner Not. Manchmal möchte ich meine Ohnmacht zum Himmel hinaufschreien, Gott anschreien. Manchmal möchte ich lieber aufs Dach steigen als auf die Kanzel. Es wäre mir lieber, den Herren der Justiz die Leviten zu lesen, als Euch eine Predigt zu halten. Manchmal möchte ich die Kirchenmänner zu Hilfe rufen, aber ich weiß, daß die viel Wichtigeres zu tun haben, als sich um einen zu kümmern, der am Boden ist.
Immer wieder bekomme ich auch Hilfe, oft von einer Seite, von der ich es nicht erwarte. Einer, dem ich helfen wollte, wird mir zur Hilfe. Ein Samariter, ein Ungläubiger gibt mir Halt. Ein Gottloser reicht mir die Hand.
Oft sind es Kleinigkeiten, die mich aufrichten: ein gutes Wort, ein Dankeschön, ein Lächeln, ein kleines Lob. Manchmal richte ich mich daran auf, daß mir einer sagt: »Es ist gut, daß Sie da sind.« Oder: »Wenn ich Dich nicht hätte…« Oder: »Das Gespräch mit Ihnen hat mir gut getan.« Das ist manchmal wie Öl auf meine Wunde.
Ich könnte nicht Tag für Tag den Weg durchs Haus gehen, wenn ich nicht wüßte, daß ich manchen am Wegrand eine Stütze bin. Die Erfahrung, daß andere durch mich wieder auf die Beine kommen, richtet mich selbst auf.
So finde ich mich in der Geschichte vom barmherzigen Samariter wieder. Ich bin der Kirchendiener, der vorbeigeht. Ich bin der Verwundete am Boden, der Hilfe braucht. Und ich bin für manchen auch der barmherzige Samariter.
Für uns alle ist diese Geschichte wie ein Spiegel. Im Überfallenen am Boden sehen wir uns selbst liegen. Der Kirchendiener zeigt uns, wie wir uns oft verhalten: Wir lassen

den anderen liegen. Manchmal verblutet einer neben uns in der Zelle, aber das läßt uns kalt. Es ist erschreckend, wie kaltblütig wir manchmal sind. Aber auch der barmherzige Samariter steckt in uns. Wir helfen anderen manchmal mehr, als wir selbst wissen.

Meine lieben Brüder! Immer wieder begegne ich unter Euch den barmherzigen Samaritern. Manch einer kümmert sich rührend um den Zellenkollegen am Boden. Mancher Notleidende bekommt mehr Hilfe von seinen Mitgefangenen als vom Pfarrer, Arzt, Sozialarbeiter oder Psychologen. Die Profis fühlen sich oft nicht zuständig. Sie sind oft weit weg, wenn man sie braucht.

Immer wieder sehe ich, wie ein Gefangener den anderen durch ein gutes Wort aufrichtet, wie einer seine letzte Zigarette mit dem anderen teilt. Immer wieder erlebe ich, wie einer dem anderen zum Nächsten wird. Das ist gut so.

Amen.

Du kannst gehen!

In einer Radioansprache über die Ehebrecherin halte ich den Hörerinnen und Hörern einen Spiegel vor, in der Hoffnung, daß ihnen – wie den Schriftgelehrten und den Pharisäern – die Steine dann von selbst aus der Hand fallen. Bei uns werden zwar keine Menschen gesteinigt, aber Worte treffen manche härter als Steine. Manchmal genügt ein Wort, um jemanden zu verletzen. Die Zunge ist ein scharfes Schwert.
Der Text der Morgenfeier wird einige Male durch Musik unterbrochen: zum Innehalten.

Liebe Zuhörer, wußten Sie, daß es Sonntagmorgens auch im Gefängnis einen Gottesdienst gibt? Und daß die Kirche drinnen oft viel voller ist als draußen? Im Gefängnis-Krankenhaus auf dem Hohenasperg stand ich viele, viele Male vor der Mauer-Gemeinde. Und oft stand ich da mit weichen Beinen.
Mitten in der Predigt protestiert einer laut: »Warum sprichst Du vom Himmel? Wir sind hier doch in der Hölle, Du Himmelskomiker!« Ein anderer ruft »Prost«, wenn der Pfarrer den Kelch hochhebt. Zwischenrufe, Pfiffe, Applaus – und auch mal eine Schlägerei – der Gottesdienst im Knast ist lebendig.
Das heißt aber nicht, daß Gefangene bei der Predigt nicht zuhören. Manchmal spitzen sie die Ohren – zum Beispiel bei der Geschichte der Ehebrecherin. Wir kennen diese Geschichte auch, aber die Gefangenen verstehen sie besser als wir.
Wer selbst schon vor Gericht stand, der weiß, wie es der Ehebrecherin damals zumute gewesen sein mußte. Die Frau hatte keine Chance, ebensowenig wie die vielen anderen, die schon verurteilt sind, lange bevor sie den Gerichtssaal betreten. Mancher Angeklagte ist allein schon aufgrund seiner Vorstrafen vor-verurteilt. Mit Straftätern wird meist kurzer Prozeß gemacht. Da wird nicht lange gefragt, wie es zu der Tat gekommen ist. Auch die Motive der Ehebrecherin sind offenbar uninteressant. Vielleicht ist sie ihrem Mann untreu geworden, weil auch er sie betrügt. Vielleicht hat sie ihren Mann nie richtig geliebt. Es kann viele Gründe für einen Ehebruch geben. Manchmal sucht ein Ehepartner woanders, was er daheim nicht findet. Man geht fremd. Man kauft sich die Liebe. Man spricht von Huren und Nutten. Und ihre Kunden? Sie bleiben unbescholten. Das ist typisch für unsere Doppelmoral.
Auch die Ehebrecherin war ein Opfer der damaligen Doppelmoral. Sie sollte mit dem Tod bestraft werden, während

ein verheirateter Mann mehrere Frauen haben durfte. Das ist doch ungerecht. Aber so wollte es damals das Gesetz. Heutzutage können beide Ehepartner sich gegenseitig ganz legal betrügen, der kleine Scheckbetrüger aber kommt ins Gefängnis. Was das Gesetz will, ist nicht immer recht.

Die Schriftgelehrten und die Pharisäer halten sich für gerecht. Als sie die Frau vor Gericht zerren, haben sie das Recht auf ihrer Seite. Aber Jesus stellt sich auf die andere Seite. »Wer von Euch keinen Dreck am Stecken hat, der werfe den ersten Stein.« Jesus hält den Anklägern einen Spiegel vor, und darin erkennen sie, daß sie selbst nicht sauber sind.

Liebe Zuhörer! Wenn wir unser Spiegelbild anschauen, dann sehen wir den Pharisäer in uns. Wir gehen mit Kriminellen ins Gericht und gehören selbst auf die Anklagebank. Auch wenn wir keine Gesetze brechen, laden wir trotzdem schwere Schuld auf uns. Wir rauben unseren Kindern und Enkeln das Lebensnotwendige, indem wir den Boden vergiften, das Wasser verseuchen und die Luft verpesten. Ja, wenn wir auf Diebe und Ehebrecher mit dem Finger zeigen, zeigen wir mit drei Fingern auch immer auf uns selbst.

Im Kriminellen begegnen wir uns selbst. Wir frisieren nicht nur unsere Steuererklärung, wir träumen auch von einem Bankraub. Und insgeheim haben wir auch schon den einen oder anderen umgebracht. Daß wir es nicht wirklich getan haben, verdanken wir unserer Erziehung. Wer am lautesten nach härteren Strafen ruft, der hat es am meisten nötig. Er will, daß andere büßen für etwas, das er eigentlich selbst gerne ausleben möchte. Die Menschen, die wir steinigen möchten, sind wirklich unsere Spiegelbilder. Sie spiegeln uns, was wir an uns selbst nicht wahrnehmen und auch nicht wahrhaben wollen: den dunklen Bruder in uns, unseren Schatten. Den werfen, projizieren wir auf Kriminelle oder auf den dunklen Bruder, der hier Asyl sucht. Oder auf das schwarze Schaf in der eigenen Familie.

Liebe Zuhörer! Werfen wir nicht länger unsere Projektionen auf andere, werfen wir keine Steine auf alle möglichen Sündenböcke, sondern schauen wir lieber uns selbst an. Dann fallen uns die Steine von selbst aus der Hand!

Musik

Es gibt viele Steine, die wir auf andere werfen, aber der schwerste Brocken, den wir jemandem an den Kopf schleudern können, ist: »Du bist selbst schuld.« Das trifft immer, auch wenn's nicht zutrifft.

– Du bist an deinem Unglück selbst schuld…
– Du bist selbst schuld, daß deine Frau dich sitzen ließ…
– Du bist selbst schuld, daß keiner dich mag…
– Du bist selbst schuld, daß du Aids hast…

»Selbst schuld« – dieses Urteil ist leicht-fertig. Ich habe im Gefängnis gelernt, in der Schuldfrage sehr zurückhaltend zu sein. Ich habe gelernt, daß man unverschuldet schuldig werden kann. Im täglichen Gespräch mit »Schuldigen« ist mir klar geworden, wie schwer es ist, unter bestimmten Umständen nicht schuldig zu werden. Ich kann nicht den Stein auf die Frau werfen, die ihren betrunkenen Ehemann mit der Bierflasche erschlug, nachdem er sie und die Kinder immer wieder verprügelt hatte. Nicht selten wird der Geschlagene zum Schläger, das Opfer zum Täter. Das Leid, das einer in seiner Kindheit durchlitten hat, fügt er eines Tages unschuldigen Opfern zu. Das soll keine Entschuldigung sein, aber es gibt doch zu denken, daß die meisten Straftäter Heimkinder waren. Durch die Gefangenen habe ich das indianische Gebet verstehen gelernt:

> »Großer Geist! Hilf mir, daß ich niemanden richte, ehe ich einen halben Mond in seinen Mokassins gegangen bin!«

Bevor ich ein Urteil über jemanden fälle, sollte ich erst einmal sehen, welchen Weg er gegangen ist. Wenn ich

seinen Werde-Gang kenne, kann ich besser verstehen, warum er so geworden ist.
Wer versteht, verurteilt nicht. Da ist z.B. der Zuhälter, der als Kind einer Prostituierten im Milieu aufwuchs. Hätte ich in seinen Schuhen gesteckt, wäre ich wohl nicht Theologe geworden und schickte heute vielleicht auch Frauen auf den Strich. Hätten wir eine Zeitlang den Weg von manchen Straffälligen gehen müssen, wären wir wohl auch gestrauchelt. So laßt uns das Gebet der Indianer uns ins Herz schreiben:

> »Großer Geist! Hilf mir, daß ich niemanden richte, ehe ich einen halben Mond in seinen Mokassins gegangen bin!«

Musik

Damals ist kein einziger Stein geflogen. Als einer nach dem anderen davongeschlichen ist, steht Jesus allein da mit der Frau und sagt zu ihr: »Ich will dich auch nicht verurteilen. Du kannst gehen; aber tu es nicht wieder!«
Jesus sagt nicht zu der Ehebrecherin: »Liebe Frau, ist ja alles nicht so schlimm.« Nein, Jesus verharmlost den Ehebruch nicht, er beschönigt nichts. Er entschuldigt die Frau nicht, aber er klagt sie auch nicht an. Jesus schielt nicht auf das Gesetz. Zuerst kommt für ihn der Mensch – und über den bricht er nicht den Stab, was auch immer einer verbrochen haben mag. In all seinen Begegnungen mit Sündern und Kriminellen hat Jesus niemals einen Menschen verurteilt. Das fällt auf. Er teilt die Menschen nicht ein in Gute und Böse. Er unterscheidet auch nicht – wie wir es so gerne tun – zwischen verschuldetem und unverschuldetem Leid. Jesus macht seine Zuwendung nicht davon abhängig, ob einer sie verdient oder nicht. Vielmehr zeigt er auf seinen Vater im Himmel, der die Sonne aufgehen läßt über alle Menschen, ohne Unterschied.

»Du kannst gehen; aber tu es nicht wieder!« Wie schön, wenn das der Richter bei der Verhandlung auch sagen würde. Aber nur wenige Angeklagte bekommen die Strafe auf Bewährung. Die meisten müssen büßen, oft viele Jahre lang. Und nach der Entlassung fängt die Strafe vielfach erst richtig an. Wer einmal hinter Gittern saß, ist nicht mehr der Herr Maier oder Müller, sondern »Der aus dem Knast«. Der Vorbestrafte wird ausgeschlossen aus unserer geschlossenen Gesellschaft. Allein schon die Frage: »Sind Sie vorbestraft?«, macht einen Neuanfang oft unmöglich. Dem Entlassenen wird seine Schuld nachgetragen, obwohl er sie verbüßt hat. So ist es nicht verwunderlich, daß viele Vorbestrafte nicht mehr Fuß fassen können und wieder rückfällig werden.

Im Knast, im Hause der Vergeltung, hören sie dann sonntags den Pfarrer wieder predigen von Vergebung und Versöhnung. Unter dem Kreuz können sie dann weiter davon träumen, daß es ihnen auch einmal so ergeht wie der Ehebrecherin...

Liebe Zuhörer! Wir, Du und ich, wir können dazu beitragen, daß dieser Traum Wirklichkeit wird. Tragen wir Vorbestraften ihre Schuld nicht nach! Lassen wir all unsere Steine fallen und reichen wir jedem die Hand, so wie der gute Gott uns immer wieder seine Hand entgegenstreckt – jeden Tag neu!

Laufend danke ich

Der Redakteur vom Caritas-Werkheft ruft bei mir an und fragt, ob ich etwas darüber schreiben kann, was mich arm und was mich reicht macht. Ich sage zu. Ich schreibe gern. Dadurch kommt ein wenig Ordnung in mein Gedanken-Chaos. Vieles kann ich nicht ausdrücken, dazu fehlen mir die Worte. Trotzdem hilft mir das Schreiben, meine Arbeit zu verarbeiten. Und das Laufen. Ein paar Mal in der Woche laufe ich durch die Felder und komme immer wieder zu mir.

Ich war 16 Jahre lang Seelsorger im Gefängniskrankenhaus Hohenasperg und weiß, warum Gefängnisse »Hochschulen der Kriminalität« genannt werden. Viele Gefangene lernen im Knast alles mögliche dazu. Alte »Knastologen« stehen den jüngeren Semestern mit Rat und Tat zur Seite. Manche werden hinter Gittern erst richtig kriminell.

Auch ich habe im Gefängnis vieles gelernt, mehr als an der Universität. Ich habe verstehen gelernt, daß das Selbstverständliche sich nicht von selbst versteht: als Kind Eltern zu haben und in einer Familie aufzuwachsen. Ich habe verstehen gelernt, daß ich eigentlich all das habe, wovon »die armen Gefangenen« nur träumen können: Familie, Wohnung, Arbeit, Gehalt, Ansehen…

Seit Anfang dieses Jahres bin ich Seelsorger für Aidskranke im Großraum Stuttgart. Durch die tägliche Begegnung mit den »Ärmsten der Armen« komme ich mir noch viel reicher vor. Da ist zum Beispiel Renate, die im Frühjahr fast erblindet war und durch Infusionen ihr Augenlicht teilweise zurückgewonnen hat. Nun hängt sie weiterhin täglich mehrere Stunden am Tropf – bis an ihr Lebensende. Sie sagt: »Ich bin froh, daß ich wieder sehen darf. Und wenn ich daran denke, wie es vielen anderen geht, kann ich nicht klagen.« Die Aidskranken öffnen mir immer wieder neu die Augen für das, was ich nicht (mehr) sehe: Ich kann stehen, gehen, essen, trinken, schlucken, und… und… Unendlich reich bin ich, aber das weiß ich erst, wenn mir etwas fehlt. Erst dann wird mir bewußt, was ich hatte. Und wenn ich dann krank danieder liege, nehme ich mir fest vor, in Zukunft dankbar für meine Gesundheit zu sein. Sobald ich aber wieder auf den Beinen bin, denke ich nicht mehr daran, zu danken.

Manchmal überfällt mich ein tiefes Gefühl der Dankbarkeit, zum Beispiel beim Joggen. Laufend denke ich daran, wie andere mich wohl beneiden. Da laufe ich gleich hinter

Coke

unserem Haus an einem Pflegeheim vorbei und sehe alte Leute, die kaum noch stehen können. Vor mir liegt der Hohenasperg, wo die kranken Gefangenen in ihren Zellen auf und ab laufen. Unterwegs begegne ich manchmal Behinderten aus Markgröningen, die an ihren Rollstuhl gefesselt sind. Und ich sehe die Orthopädische Klinik, wo die Querschnittsgelähmten liegen...

Trotz alledem vergesse ich immer wieder, wie reich ich bin. Da ist es gut, daß andere mich daran erinnern. So sagt mir die Mutter von einer drogensüchtigen Aidskranken: »Du solltest dem Herrgott jeden Abend auf deinen bloßen Knien danken für Deine beiden Töchter!«

Oder da ist Rainer, ein Sozialhilfeempfänger, der durch eine Erbschaft plötzlich reich geworden ist. Als ich ihm sage: »Ein bißchen beneide ich Dich schon«, antwortet er mir: »Ich tausche gerne. Ich gebe Dir meine Millionen, und Du gibst mir Dein Immunsystem.« Ich bin Millionär, nur weiß ich es nicht.

In den Augen vieler Menschen bin ich aber auch materiell reich. Die meisten Aidskranken sind Sozialhilfe-Empfänger oder Frührentner, denen das Geld oft nicht mal für den täglichen Bedarf reicht. Obst, Säfte und Zusatznahrung können sie sich kaum leisten. Manche sind so arm, daß sie weder ihre Telefon- oder Stromrechnung bezahlen noch sich eine Fahrkarte kaufen können.

In solchen Notfällen bin ich selbst froh, daß ich helfen kann. Denn ich weiß, daß ich ansonsten nicht viel vermag. Oft sitze ich am Krankenbett und weiß nicht, was ich sagen soll.

- »Warum, warum hat es nicht geklappt?« fragt mich Alex, der mit Heroin und Tabletten versucht hat, sich das Leben zu nehmen. Er ist tot-traurig, daß man ihn in letzter Sekunde noch »gerettet« hat.
- »Wozu lebe ich eigentlich noch?« werde ich immer wieder gefragt. »Was ist der Sinn? Daß ich mich weiter quäle?«

– »Ich hatte zwei Kinder«, erzählt mir eine 55jährige Frau. »Erst verlor ich meinen Sohn bei einem Motorradunfall, dann meine Tochter an Aids. Von ihren zwei infizierten Kindern ist der zweijährige Bub schon gestorben, und nun hat die kleine Katrin kaum noch Helferzellen. Soll ich sie auch noch hergeben?«

Was soll ich dieser geschlagenen Frau sagen? Ich kann ihr doch nicht mit Hiob kommen: »Der Herr hat's gegeben, der Herr hat's genommen. Gepriesen sei der Herr!« Ich kenne viele Bibelworte, aber ich weiß keine Antwort auf die letzten Fragen. Ich habe Theologie studiert, aber das Wort »Gott« kommt mir oft nur schwer über die Lippen. Ich habe eine Zusatzausbildung in Gesprächspsychotherapie, aber nicht selten bin ich sprachlos. Mein Gegenüber läßt mich spüren, wie arm ich bin und wie armselig all mein Wissen ist.

Oft habe ich das Gefühl, daß ich mit leeren Händen dastehe. Und ich spüre auch, wie arm unsere Kirche ist, wenn sie auf die Not der Menschen nur mit Moralprinzipien reagiert. Keinem Infizierten ist damit geholfen, wenn die eheliche Treue als der beste Schutz gegen Aids angepriesen wird. Die Kirche zwingt Schwule praktisch dazu, zölibatär zu leben – als seien sie Leibeigene der Kirche. Durch die Stellungnahmen aus Rom fühlen viele Homosexuelle sich zutiefst verletzt und lehnen jedes kirchliche Hilfsangebot für Aidskranke ab. »Erst werde ich zum Sünder abgestempelt, und dann will die Kirche ihre Caritas an mir auslassen. Nein danke!«

Ich gehe nicht zu den Kranken mit irgendwelchen Hintergedanken und möchte niemanden bekehren. Ich möchte nur da sein und den Notleidenden nicht allein lassen. Manche haben sonst niemanden, der zu ihnen kommt. Und auch die Angehörigen sind oft froh, wenn sie mit einem Menschen offen über alles reden können. Als ich vier Monate nach dem Tod von Gaby ihre Eltern daheim aufsuchte, sagten sie: »Es ist das erste Mal seit der Beerdigung, daß wir mit jemandem über Gabys Krankheit sprechen können.« Auch nach dem Tod muß das Lügengebäude aufrecht erhalten werden: Krebs, Leukämie…

Meine Begegnung mit den zum Tod Verurteilten hat mich verändert. Ich nehme mich selbst anders wahr und sehe, daß auch ich mit dem Todesurteil in der Tasche herumlaufe. Diese Einsicht ist zwar nicht angenehm, aber für mich ist sie eine Bereicherung. Durch den täglichen Umgang mit Kranken erlebe ich manches tiefer, dankbarer. Ich nehme die Natur stärker wahr und sehe den Wald mit den Augen von Jan, der vor seinem Tod nur noch einen Wunsch hatte: Noch ein Mal den Wald sehen. Am Frühstückstisch kommt mir Sandra in den Sinn, die mir im Knast sagte: »Weißt du, wonach ich mich sehne? Noch ein Mal daheim mit meiner Mutter frische Brötchen essen!«

Bei meiner Arbeit muß ich viel von mir geben, aber dadurch werde ich nicht ärmer. Denn ich bekomme auch viel, oft mehr als ich gebe. Gebend empfange ich. Das macht mich reich.

GUT

Im Verborgenen

Ich bin viel unterwegs. Manchmal aber sitze ich auch in meinem Büro-Zimmer im Bischof-Moser-Haus. Das liegt im schönen »Bohnenviertel« der Landeshauptstadt Stuttgart und ist leicht erreichbar (Nähe Charlottenplatz). Dieses Zimmer bei der Caritas ist inzwischen zu einer Anlaufstelle geworden. Fast täglich kommen Menschen zu einem Gespräch vorbei oder auch nur zu einer Tasse Kaffee. Für manche ist die Schwelle aber noch zu hoch; vor allem Schwule tun sich schwer, zu einem Mann der Kirche zu gehen. Andere haben Angst, daß sie bei mir (mit mir) gesehen werden könnten.
Es ist gut, daß ich gelegentlich auch persönlich telefonisch erreichbar bin. Denn viele Menschen können nicht auf einen Anrufbeantworter sprechen – erst recht nicht, wenn sie in Not sind. Viele Anrufe sind wie Hilfeschreie.

Das Telefon klingelt. Ich nehme ab, höre aber nichts. Nur, daß am anderen Ende ein Mensch ist, der schweigt. Was immer ich ihm auch sage, es gelingt mir nicht, sein Schweigen zu brechen. Immer wieder bekomme ich solche Schweigeanrufe. Offenbar fällt es vielen sehr schwer, das Wort HIV oder AIDS auszusprechen – auch wenn die Anonymität gewahrt bleibt. Vielleicht will der Anrufer auch nur hören, daß jemand da ist, mit dem er notfalls reden kann.
Gelegentlich ruft auch jemand an, der »es« gerade erst erfahren hat und jetzt Hilfe braucht. Manche melden sich auch, nachdem sie – durch Mundpropaganda – von mir gehört haben.

*

Hin und wieder erhalte ich auch anonyme Briefe. Reaktionen auf meine Äußerungen über Aids und Homosexualität:

Lieber Petrus Ceelen!

Siehe 1 Petrus 4,3
2 Petrus 2, 14

Siehe 1 Korinther 6, 9.18–20
Galater 5, 19–21
1 Thessalonicher 4, 3–5
Epheser 5, 3–5
Römer 1, 26–27a

Es ist mir natürlich bekannt, daß es so humanistische Christen gibt, denen Gottes Gebote völlig gleichgültig sind und die das Neue Testament längst außer Kraft gesetzt haben.
Ihnen gilt Gott wohl weniger als Schwule und Lüstlinge und dergl. Nehmen Sie sich ein Beispiel an Mutter Teresa!

SCHWEIGEN = TOD
ACT UP
FRANKFURT
SCHWEIGEN = TOD
ACT UP
FRANKFURT
LEBEN

IGEN = TOD
UP
FURT
ACT

Sie tritt auf gegen den Lebenswandel, der zu Aids führt!
Mit freundlichen Grüßen
(unleserliche Unterschrift)

*

Da ruft eine Krankenschwester an und fragt, ob ich ihr helfen kann. Sie betreut einen Kirchenmann, der von seiner Familie verstoßen ist und von allen Seiten ausgestoßen wird. »Für die Kirche ist er zu schwul, und für die Schwulen ist er zu fromm.«

*

Eine Frau ruft an, ermutigt durch einen Vortrag, bei dem ich auch über Homosexualität sprach. Sie ist lesbisch und kann es in einer religiösen Gemeinschaft nicht mehr aushalten. »Ich möchte endlich zu mir stehen.«

*

Ich rufe die Mutter von Frank an. Sie heult und kann kein Wort sagen. Jedesmal, wenn das Telefon läutet, kriegt sie einen Schreck, denn sie bekommt viele anonyme Anrufe. Das ganze Dorf weiß inzwischen, daß ihr Junge die »Seuche« hat und »eine schwule Sau« ist.
Zum Glück bekommt Frank selbst vom Telefon-Terror nichts mit. Er liegt mehrere hundert Kilometer weiter im Aids-Hospiz der Franziskanerinnen in Oberharmersbach. Dort wird Frank zusammen mit neun anderen Aidskranken liebevoll gepflegt, und in diesem Haus wird er auch in Frieden sterben können.

*

Ein Geschäftsmann ruft an: »Ich werde demnächst 50 Jahre und will keine Geschenke. Ich möchte Behinderten und Aids-Kranken eine kleine Freude bereiten.« Solche Anrufe bekomme ich immer wieder, auch von ganz einfachen Leuten. Viele Spender kenne ich selbst nicht. Manche überweisen jeden Monat einen festen Betrag. Eine Frau überweist monatlich 50 Mark – statt Kirchensteuer zu zahlen.

*

Nadja ruft an und sagt, daß sie nicht mehr weiter weiß. Sie kann ihren Codein-Saft nicht bezahlen und hat bei ihrem Apotheker schon mehrere hundert Mark Schulden. Sie braucht aber die Ersatzdroge zum Leben, denn sonst gerät sie wieder in den Kreislauf Drogenszene – Straßenstrich – Drogenszene. Nadja bekommt 530 DM Sozialhilfe und braucht allein schon für den Saft über 400 Mark im Monat. Von dem Rest soll sie sich gesund ernähren!
Nadja ist kein Einzelfall. Für mehrere drogenabhängige Infizierte bezahle ich den Saft, für andere gelegentlich die Telefon- oder die Stromrechnung. Einige Familien bekommen eine monatliche Unterstützung, denn das Geld vom Sozialamt reicht den meisten vorne und hinten nicht.

*

Die Mutter von einem HIV-Infizierten fragt am Telefon, ob ihr Sohn beim Zahnarzt sagen soll, daß er positiv sei. Eigentlich möchte er es sagen, aber er hat Angst vor der Reaktion des Zahnarztes und der Helferinnen, die ihn kennen. Die Mutter erzählt nebenbei, daß ihr erster Sohn an Leukämie gestorben sei und sein Bruder ihm mit einer Knochenmarktransplantation helfen wollte – und sich dabei wahrscheinlich infiziert habe…

Manchmal genügen ein paar Sätze, um zu ahnen, was für eine Leidensgeschichte sich dahinter verbirgt.

*

Immer wieder bekomme ich Anrufe, die mit Aids nichts zu tun haben. »Wenn Sie für Aidskranke da sind, werden Sie auch mich verstehen. Ich bin psychisch krank, ich war lange in einer geschlossenen Anstalt. Ich habe solche Ängste. Ich habe versucht, mit unserem Pfarrer darüber zu reden, aber der versteht mich nicht.«
Manchmal komme ich mir vor wie ein Telefonseelsorger. Ich spüre, wie gut es einem Menschen tut, wenn er mit jemandem reden kann, der ein Ohr für ihn hat.

*

Dietmar ruft an, um zu sagen, daß er nicht zur Beerdigung von Helmut kommt. »Es ist zu viel für mich. Ich war in diesem Jahr schon auf der Beerdigung von Jackie, Gaby und Joachim. Die nächste Beerdigung wird wohl meine eigene sein.«

Die
Modelle

Ein Kreislauf

Mir wurde bald klar, daß meine Aufgabe nicht nur darin bestehen kann, am Krankenbett zu sitzen und Tote zu beerdigen. Weil ich das Elend der Drogenabhängigen hautnah miterlebe und auch die Ursachen der Verelendung sehe, kann ich nicht schweigen zu der Drogenpolitik in unserem Land.
Als Anfang März 1992 ein Drogenabhängiger »freiwillig« in den Tod ging, rief ich zusammen mit der Caritas, der Diakonie, der Aids-Hilfe und einem Suchtmediziner in einer Pressekonferenz dazu auf, endlich das Methadon-Tabu zu durchbrechen. Unser gemeinsamer Aufruf fand ein breites Echo in der Presse.
Auch unser Konferenzort war außergewöhnlich. So schrieb die »Stuttgarter Zeitung«: »Auf dem Weg zur Drogen-Pressekonferenz bot sich den Journalisten in der Wärmestube der Caritas in der Heusteigstraße ein erschreckendes Bild. Sie mußten durch einen Saal gehen, der an eine ausquartierte Jugendherberge erinnerte: Rund zwei Dutzend Jugendliche lagen dicht gedrängt und tief schlafend auf dem Boden, und das morgens um 10 Uhr. In den Armen der jungen Frauen und Männer waren unschwer die Nadeleinstiche zu erkennen. Die Luft war stickig, eine Szene des Elends.«

Das Leben der Drogenabhängigen ist kein Leben mehr. Es ist die Hölle. Das habe ich auf dem Hohenasperg schon gehört, und nun erlebe ich auf der Drogenszene hier in Stuttgart, wieviele tagtäglich durch die Hölle gehen. Den ganzen Tag rennen sie dem Stoff hinterher, die Sucht treibt sie in die Beschaffungskriminalität oder zur Prostitution. Unweit von hier schaffen sie nachts an – junge Frauen, die nicht älter sind als meine Töchter. »Die haben's gut!« – höre ich sagen – »Die brauchen nur ein paar Freier zu machen, während unsereiner sich den ganzen Tag die Haxen abrennen muß.«

Nachts legen sich viele Fixer in einer Toilette hin, aber auch das ist ihnen neuerdings verboten. Die einzig noch geheizte Toilette am Wilhelmsplatz wurde angeblich wegen Bauarbeiten geschlossen. Und das, obwohl man weiß, daß viele Drogenabhängige HIV-infiziert sind und eine Lungenentzündung für sie tödlich sein kann.

Morgens setzt dann der Entzug wieder ein, und die Jagd nach dem Stoff beginnt von neuem. Immer wieder werden sie von der Polizei kontrolliert und auch festgenommen. Auf dem Revier bekommen manche einen Platzverweis. Einige dürfen sich im gesamten Stadtgebiet nicht mehr aufhalten. Aber wohin?

Alle Drogenabhängigen sind gefangen in einem Kreislauf: Sucht – Stoff – Beschaffung – Kriminalität – Gefängnis – Entlassung – Rückfall – Sucht…

Nur ganz wenige kommen aus diesem Kreislauf heraus. Manche schaffen es mit Hilfe einer Therapie. Aber noch nicht einmal jeder fünfte beendet regulär die Therapie. Viele gehen nur in Therapie, um nicht in den Knast zu kommen. Manche Fixer überleben die monatelangen Wartezeiten auf einen Therapieplatz nicht. Jeder zehnte Drogentote in Deutschland stand auf der Warteliste für eine Therapie. Unzählige Fixer haben eine oder mehrere Therapien abgebrochen und können oder wollen nicht mehr

nicht
beachten

SHIT
Mak
NOT

ohne Stoff leben. Sie bleiben lebenslänglich gefangen in ihrer Sucht. Der Kreislauf ist tödlich; irgendwann endet er mit dem Tod. Nur wenige Fixer werden älter als 40 Jahre. Manche setzen sich den »goldenen Schuß«. Jeder Drogentote kommt in die Zeitung, geht ein in die Statistik. Der Tote bekommt eine Nummer. In diesem Jahr sind es schon zehn Drogentote in unserer Stadt, und das Jahr hat erst begonnen.

Einer starb »freiwillig« an einer Überdosis. Er hinterließ einen Abschiedsbrief. Darin schreibt er:

... Mein Suizid ist die logische Konsequenz meines momentanen Lebens und der Zukunft, die ich zu erwarten habe.

... Vielleicht ist mein Tod dafür nützlich, daß es irgendwann (wenn noch 10 oder 20 000 Junkies sterben) auch in Stuttgart Methadon gibt.

Der 40jährige war über die Hälfte seines Lebens drogenabhängig. Er bot einem HIV-Infizierten Geld, um sich mit dessen Spritze zu infizieren und dadurch legal an eine Ersatzdroge heranzukommen. Wahrscheinlich wäre er noch am Leben, wenn er entsprechend substituiert worden wäre. Mir erscheint das Wort Drogen-Opfer fragwürdig. Der Drogenabhängige opfert sein Leben für die Drogen. Aber sind viele Drogenopfer nicht auch Opfer unserer Drogenpolitik? Fallen sie nicht dem rigorosen Legalismus zum Opfer? Gerade als Theologe, als einer, der von Gott spricht, muß ich sagen, daß Gott solche Menschenopfer zuwider sind. Gott will nicht, daß Menschen so in die Enge getrieben werden, daß sie keinen anderen Ausweg mehr sehen, als in den Tod zu gehen.

Da kann ich nicht einfach beten: »Dein Wille geschehe ...«

Als Seelsorger kann ich meine Aufgabe nicht darin sehen, nur Tote zu beerdigen und Trauernde zu trösten. Vielmehr möchte ich helfen, daß auch Süchtige menschenwürdig leben können.

Wieviele müssen noch sterben, bis wir endlich verstehen, daß Süchtige keine Kriminellen sind, sondern Kranke? Ihnen muß geholfen werden mit allen möglichen Mitteln. Therapie ist eine Hilfsmöglichkeit, Methadon eine andere. Ich weiß sehr wohl, daß Methadon kein Heil-Mittel ist, aber es verhilft dem Süchtigen wieder zu einem menschenwürdigen Leben. Franz kann uns nachher erzählen, wie er mit Hilfe von Methadon wieder zu einem »normalen Leben« zurückgefunden hat.
Hier in Stuttgart muß man allerdings erst Aids haben, um das Medikament Methadon zu bekommen. Das führt zu der grotesken Situation, daß der Aids-Kranke beneidet wird: »Du hast es gut, du mußt nicht mehr klauen oder auf den Strich gehen!«
Daß ein Kranker erst halbtot sein muß, ehe ihm geholfen wird, ist zynisch, ja makaber. Wir geben einem Zuckerkranken doch auch nicht erst Insulin, nachdem er im Koma liegt.
Es ist höchste Zeit, den Glaubenskrieg um Methadon zu beenden, denn er kostet Menschen das Leben.

DROGENTOD
DURCH GLEICHGÜLTIGKEI

FÜR EIN LEBEN
VOR DEM TOD
ACT UP

Kein Entrinnen

Mit 16 Jahren ging Silke, ein sehr begabtes und intelligentes Mädchen, seinen eigenen Weg und zog in die Großstadt. Dort geriet sie bald in Drogenkreise und rutschte ab ins Milieu. Sie arbeitete als Prostituierte, erst in der Bar, dann auf der Straße. Ihr Mann starb an einer Überdosis Heroin. Einige Zeit später wurde sie unheilbar krank und starb mit 24 Jahren – im Beisein ihrer Eltern.

Liebe Eltern und Geschwister von Silke, liebe Freunde, Bekannte und Verwandte! Bei jeder Geburt kommt ein Mensch auf die Welt, den es bis dahin noch nie gegeben hat – und den es auch niemals mehr geben wird. Jeder Mensch ist einmalig – nicht nur was sein Aussehen betrifft.
Jeder Mensch bringt eine eigene, einmalige Botschaft mit auf die Welt. Was war Silkes Botschaft? Was hatte sie uns zu sagen? Ich weiß es nicht, aber Silke hat uns gezeigt, daß jeder Mensch seinen eigenen Weg geht. Und dieser Weg läuft den Erwartungen und Plänen der Eltern vielfach zuwider. Silke war noch arg jung, als sie von zu Hause fortging und sich auf den Weg machte. Sie ging nicht den Mittelweg – wie die meisten anderen. Sie ging einen Weg, der sie bald ins Abseits führte. Da gab es viel Finsternis und Dunkelheit. Silkes Weg führte durch dic dunkle Nacht. »Wer in solcher Nacht gefangen ist, kann ihr nicht entrinnen«, so lautet Silkes Konfirmationsspruch aus dem Buch des Propheten Jesaja. Merk-würdig.
Silke hatte mehrmals versucht zu fliehen. Sie suchte Zuflucht in den Drogen, aber die hielten sie erst recht gefangen. Ihre Heirat mit Gerhard war ein Versuch, auszubrechen aus allem, was sie gefangen hielt. Trotz aller Fluchtversuche blieb Silke gefangen. Es gab kein Entrinnen. War das ihr Schicksal? War das ihre Bestimmung? Oder war das der Weg, den Gott mit ihr ging? Wir wissen es nicht. Aber wir können kaum glauben, daß Gott so einen Weg mit einem Menschen geht. Denn: Wozu dieser Weg durch die Nacht? Wo ist der Sinn, wenn zwei Menschen sich begegnen, eine Weile miteinander gehen und dann ihr Weg kurz nacheinander in den Tod führt? Und dann noch ein Kind hinterlassen? Wo ist der Sinn? Auch wenn wir noch so sehr über Silkes Leben nachsinnen, wir können es nicht fassen, daß ein so begabtes Mädchen ausgerechnet diesen Weg gegangen ist. Das ist unfaßbar.

Silke ist ihren Weg allein gegangen. Auch auf der letzten Strecke, als es steil bergab ging und sie schon vom Tod gezeichnet war, hielt sie die anderen auf Abstand. Silke war unnahbar. Sie wollte niemanden an sich heranlassen. Das war für die Menschen, die sie begleiten wollten, schwer anzunehmen.
Ich kenne viele, die um Hilfe rufen, ja schreien. Sie brauchen ständig jemanden an ihrer Seite und können nicht allein sein. Silke blieb allein mit sich. Wenn sie am Boden war, richtete sie sich selbst wieder auf. Aufrecht ging sie ihren Weg weiter – bis ans Ende. Das gab ihr eine gewisse Größe. Ich habe Silke nie klagen oder jammern hören, auch dann nicht, als es auf ihrem Weg ganz dunkel war – und es für sie keinen Lichtblick, keinen Hoffnungsschimmer mehr gab. Und als es dann schließlich so weit war, waren Sie, liebe Eltern, da, um Silke in ihrer Sterbestunde beizustehen und ihr die Hand zu halten. Ich habe gesehen, wie liebevoll Sie das getan haben.
Nun ist Silke tot, aber damit ist sie nicht für immer ins Dunkel verschwunden. Vielmehr glaube ich, was Silke mit ihrem Konfirmationsspruch verheißen wurde: »Es wird nicht immer dunkel bleiben über denen, die gefangen sind.« Ich bin sicher, daß Silke das ewige Licht schauen wird. Da wird sie ihr Leben in einem ganz anderen Licht sehen, und ihr wird klar werden, was auf ihrem Weg alles so finster und dunkel war.
Wir dagegen haben noch eine bestimmte Strecke vor uns. Immer wieder werden wir unterwegs eingeholt von der Frage nach dem Sinn unserer Reise. Wozu leben wir eigentlich, wenn all unsere Wege letztlich auf den Tod hinauslaufen? Es gibt keinen Weggefährten, der uns den Sinn des Lebens erklären kann. Aber die Menschen haben es unterwegs leichter, die wissen – oder zu wissen glauben – woher sie kommen und wohin sie gehen.

Ich bin gewiß, daß wir alle miteinander ans Ziel gelangen werden. Und wenn wir dann »drüben« angekommen sind, werden wir sehen, wozu wir unser Leben lang unterwegs waren.
Amen.

Schritt für Schritt

Manchmal komme ich mir vor wie ein Reisender in Sachen Aids. Ich halte Vorträge in Kirchengemeinden, bei Pfarrkonventen und in Schwulengruppierungen. Ich erzähle über meine Arbeit in Frauenkreisen, in Jugendgruppen und bei Altennachmittagen. Krankenhäuser und Sozialstationen laden mich zu Fortbildungsveranstaltungen ein. Und ich reise mit meiner Aids-Predigt von Gemeinde zu Gemeinde. Denn es ist notwendig, das Tabu-Thema Aids auch im Gottesdienst zur Sprache zu bringen.
Nach dem Gottesdienst in der Stuttgarter Eberhardskirche kam eine Ärztin aus Sindelfingen auf mich zu und sagte: »Ich wollte nur kurz in der Kirche vorbeischauen und kam gerade herein, als Sie mit der Predigt anfingen. Ich hatte es nicht für möglich gehalten, daß ›so etwas‹ in einer katholischen Kirche gesagt werden kann.«

Liebe Gemeinde, am Freitag habe ich Dietmar beerdigt. Er war 33 Jahre alt, aber so lange hat er nicht gelebt. Dietmar war drogenabhängig seit seinem 14. Lebensjahr. Seitdem stand er mit einem Bein im Grab. Seit vielen Jahren wußte Dietmar, daß er das Todesurteil in der Tasche hatte. Dietmar hatte Aids.

Immer wieder höre ich: »Wer Aids hat, ist selbst schuld.« Bei einem Herzinfarkt habe ich das noch nie gehört. Obwohl so mancher selbst schuld ist, daß sein Herz eines Tages nicht mehr mitmacht. Und auch viele, die bei einem Verkehrsunfall ihr Leben verlieren, sind selbst schuld. Aber das sagt man nicht. Nur bei Aids sagt man: selbst schuld! Nach dem Motto: Aids kriegt man nicht, so etwas holt man sich.

Selbst schuld. Dieses Urteil ist leicht-fertig. War Dietmar selbst schuld, daß er mit 14 schon Drogen brauchte? War er selbst schuld, daß er die Spritze eines Infizierten benutzte? Damals wußte man noch nichts von Aids. Aber auch heute infizieren sich immer noch Fixer mit einer gebrauchten Spritze. Selbst schuld? Oder sind die Apotheker schuld, die Drogenabhängigen keine Spritzen verkaufen?

Und warum liegen die Spritz-Automaten seit Jahren im Keller vom Gesundheitsamt? Daran sind angeblich die politischen Rahmenbedingungen in dieser Stadt schuld.

GIB AIDS KEINE CHANCE! Dieser Spot ist ein Spott, ein Hohn für die rund 2000 Fixer in der Stadt, solange man ihnen keine sauberen Spritzen gibt.

Jeder vierte Fixer soll das tödliche Virus in sich tragen, das wären in Stuttgart 500. Manche von ihnen stecken andere wieder an – zum Beispiel durch Prostitution. Auch bei infizierten Drogenprostituierten wollen die meisten Freier »es« ohne Kondom. Selbst schuld?

Jeden Tag gehen in der Bundesrepublik mehr als eine Million Männer zu den Prostituierten. Die meisten von ihnen sind verheiratet oder fest liiert. Wer das heutige Sexualver-

halten kennt, wundert sich nicht, daß das Virus sich immer weiter verbreitet. Trotzdem glauben viele immer noch: Aids geht mich nichts an, mich betrifft es nicht. Betroffen sind wir immer erst, wenn es uns trifft. Und Aids kann jeden von uns treffen, erst recht, wenn wir Kinder haben. Da sagt mir eine Mutter: »Meine Tochter raucht nicht, trinkt nicht – und jetzt hat sie Aids.« selbst schuld? Das Urteil »selbst schuld« ist leichtfertig und leichtsinnig.

Am Anfang nannte man Aids die »Schwulenpest« oder die »Lustseuche«. Für viele ist Aids die Strafe Gottes. Auch für erschreckend viele Christen.

Zur Zeit Jesu galt jede Krankheit als Strafe Gottes. Man glaubte, daß der Kranke Schuld auf sich geladen hatte oder für die Sünden seiner Eltern büßten mußte. Davon waren offenbar auch die Jünger Jesu fest überzeugt. Als sie einmal einem Blindgeborenen begegneten, fragten sie Jesus, ob dieser selbst oder seine Eltern daran schuld seien. Jesus erteilt ihnen eine klare Absage: Weder der Blindgeborene noch seine Eltern haben gesündigt. Für Jesus hat Krankheit nichts mit Sünde zu tun. Für ihn ist Gott kein Buchhalter, der kleinlich Sünde gegen Krankheit aufrechnet. Jesus wendet sich allen Kranken zu, ohne nach Schuld zu fragen.

Liebe Christen! Aids als Strafe Gottes anzusehen, ist weder christlich noch vernünftig. Aids kann nicht die Strafe für Schuld sein, denn es trifft gerade auch viele »Unschuldige«: Bluter, Kinder. Oder glauben etwa auch wir, daß die Kleinen für die Sünden der Eltern büßen müssen – wie der Blindgeborene?!

Hören wir doch endlich auf, die Kranken einzuteilen in Gute und in Böse. Aidskranke sind nicht schlechter als andere, aber sie haben es schwerer als andere Kranke. Denn sie können nicht über ihre Krankheit reden und müssen »es« geheimhalten. Das ist eine schwere Last.

Manche haben eine doppelte Last zu tragen. Ich denke z.B. an einen jungen Mann aus einer streng katholischen Familie. Er sagt: »Wenn meine Eltern wüßten, daß ich schwul bin und was ich habe… Auch meinen Geschwistern kann ich das nicht sagen. Aber eines Tages wird alles ans Licht kommen. Wenn ich an die Schande denke, die ich über meine Familie bringe, schäme ich mich jetzt schon in Grund und Boden.«

Daß Schwule es so schwer haben, daran ist auch unsere Kirche schuld. Die Verlautbarungen des Vatikans fördern die Diskriminierung der Homosexuellen. Ich wundere mich nicht, daß viele Schwule mit mir als Mann der Kirche nichts zu tun haben wollen. Da fragt mich einer: »Warum soll ich in einer Kirche bleiben, die gegen mich ist?!« Und ein anderer wirft mir vor: »Muß ich erst Aids haben, um von deiner Kirche angenommen zu werden?«

Insgesamt begleite ich etwa 80 Infizierte und Kranke. Ich suche sie auf, wo sie sind: zu Hause, im Krankenhaus, in der Drogenszene, in Wohngemeinschaften oder auch im Gefängnis. Bei allen Besuchen ist das Thema Nr. 1 die Angst. Die Angst, daß »es« herauskommt.

- »Wenn die Nachbarn wüßten, was unsere Marlies hat« – flüstert mir ein Vater zu beim Hausbesuch – »müßten wir hier wegziehen, obwohl die Wohnung uns gehört.«
- Und die Mutter sagt: »Wenn in der Schule bekannt würde, was unsere Doris hat, wäre sie weg vom Fenster.« Die neunjährige Doris darf selbst nicht wissen, was sie hat – obwohl sie jeden Tag einen Haufen Medikamente schlucken muß und alle zwei Wochen nach Frankfurt in die Uniklinik gefahren wird.
- »Wenn die Leute im Ort wüßten, was ich habe, könnte ich nicht mehr zum Bäcker gehen. Die Leute würden mir mit der Sagrotanflasche hinterherlaufen.« Das sagt ein Bluter, der nun doch wirklich nichts dafür kann.

Die meisten Infizierten fühlen sich wie Aussätzige. Überall bekommen sie zu spüren, daß man Angst vor ihnen hat. Schließlich sind die Infizierten Träger des übertragbaren Todes. Doch durch normale Sozialkontakte wird das Virus nicht übertragen. Und trotzdem haben wir Angst, daß wir uns anstecken könnten. Das ist schon merkwürdig, wenn wir sehen, wovor wir alles keine Angst haben: Wir rasen über die Autobahn. Was da alles passieren kann! Unsere Überholmanöver sind manchmal lebensgefährlich. Wir kennen die Risikofaktoren von Herzinfarkt und Lungenkrebs, aber uns wird es schon nicht erwischen! Das Ozonloch ist beängstigend groß, aber das scheint uns nichts auszumachen. Nur vor Aids haben wir Angst, so unheimlich viel Angst.

Warum eigentlich? Hinter unserer Angst vor Ansteckung steckt die Angst vor unserem eigenen Tod. Wenn wir einen »Unberührbaren« berühren, spüren wir hautnah, was wir sonst von uns fernhalten: Auch wir sind infiziert mit der Krankheit zum Tode. Mit jedem Tag kommen wir ihm näher, Schritt für Schritt.

Ich selbst hatte anfangs auch Angst. Und ich weiß noch, wie es mir zumute war, als ich aus der Tasse eines infizierten Gefangenen getrunken hatte. Vom Kopf her war alles klar: Da kann nichts passieren. Aber mein Bauch sagte mir etwas anderes. Auch die meisten Angehörigen und Freunde der Kranken überwinden mit der Zeit ihre Angst, aber manche schaffen es überhaupt nicht. Als ich vor einiger Zeit eine junge Frau besuchte, saß ihre Mutter auch da – mit Gummihandschuhen. Als ich ihr die Hand geben wollte, entschuldigte sie sich: »Ich kann Ihnen die Hand nicht geben, ich bin gerade beim Putzen.« »Jetzt lüg doch nicht!« – wies sie die Tochter zurecht. »Dem Petrus kannst Du schon sagen, daß Du immer mit Gummihandschuhen zu mir kommst.« Und jedes Mal bringt die Mutter eine Plastikfolie mit, um sich darauf zu setzen. Sie rührt nichts an – erst recht nicht ihre Tochter. Berührungsangst.

In der Begegnung mit den Aussätzigen lerne ich, wie wichtig der Hautkontakt ist, und ich spüre, was ein einfacher Händedruck bedeutet. Oft klammern sich die Kranken an mir fest und lassen meine Hand nicht los.
Immer wieder sehe ich, wie einer den anderen auf der letzten Strecke begleitet – Hand in Hand – bis an die Schwelle des Todes. Dieses innige Miteinander rührt mich bei schwulen Paaren besonders an: soviel Fürsorge, soviel Zärtlichkeit, daß manches Ehepaar sich daran ein Beispiel nehmen könnte. Schwule Paare sind oft ganz anders, als man sie sich vorstellt. Am Krankenbett sehe ich nicht nur, wie Menschen leiden, sondern auch wie sie einander lieben. Ich sehe, wie liebevoll eine junge Frau ihren ausgemergelten Bruder pflegt. Da verstehe ich plötzlich wieder das Wort »Kranken-Schwester«.
Am Krankenbett sehe ich, daß die Werke Gottes durch die Liebe von Mensch zu Mensch sichtbar, greifbar, spürbar werden. Ich sehe, was die Liebe bewirkt: sie macht das Leid erträglich.
Liebe Gemeinde, es genügt nicht, daß wir die Liebe predigen. Worauf es ankommt, ist, daß wir glaubwürdig sind. Und das werden wir erst, wenn wir zu den Menschen in Not gehen und uns ihrer liebevoll annehmen. Dann bekommt unser Glaube Hand und Fuß, und dann werden wir zu Handlangern Gottes!
Im Großraum in Stuttgart gibt es mehr als 2000 Infizierte. Sie leben mitten unter uns. Trotzdem kennen die meisten von uns keinen. Kein Wunder, wenn alle sich verstecken. Was können wir tun? Den Aussätzigen wäre schon viel geholfen, wenn sie aus ihrem Versteck herauskommen könnten und keine Angst mehr zu haben bräuchten – vor uns!

Und muß ich auch wandern...

Auf dem Weg ins Funkhaus lese ich noch mal den Text der Krankensendung durch. Ich komme ins Studio 13. Dort treffe ich den Spielleiter, den Tontechniker und die Cutterin. Dann gehe ich ins Nebenstudio und setze mich an den Tisch. Vor mir das Manuskript und das Mikrophon. Ich versuche so zu sprechen, wie wenn ich am Bett von einem Kranken sitze. Es fällt mir schwer, zu Menschen zu sprechen, die ich nicht sehe.

Guten Morgen, liebe Zuhörerinnen und Zuhörer! Wenn wir auf der Straße jemandem begegnen, sagen wir: »Auch unterwegs?« Wir sind miteinander auf dem Weg – unser Leben lang. Schon vor unserer Geburt – als unsere Mutter schon schwanger war – hieß es: »Da ist etwas unterwegs.« Was es war, ein Bub oder ein Mädchen, zeigte sich erst, als wir auf die Welt kamen. Bei unserer Ankunft haben wir erst einmal laut geschrien. Ob wir damals schon geahnt haben, was da unterwegs alles noch auf uns zukommt?

Unsere ersten Wegbegleiter waren unsere Eltern. Sie haben uns an die Hand genommen und sind mit uns die ersten Schritte durchs Leben gegangen. Auch unsere Geschwister, Schulkameraden und Jugendfreunde begleiteten uns ein Stück weit auf der Straße des Lebens, aber mit der Zeit trennten sich unsere Wege. Jeder geht einen anderen Weg. Keiner ist gern allein unterwegs, zumal das Leben voller Gefahren ist. Jeder braucht einen Weggefährten. Schon am Anfang der Bibel heißt es: »Es ist nicht gut, daß der Mensch allein sei.«

So suchten wir uns einen Lebensgefährten und machten uns zusammen mit ihm auf den Weg. Eines Tages war bei uns etwas unterwegs: unser Kind. Wir nahmen es in den Arm, trugen es auf unseren Händen: unser Fleisch und Blut. Allmählich wurde unser Kleines größer und konnte allein gehen, wir aber konnten es noch nicht gehen lassen. Es dauert oft lange, bis Eltern verstehen, daß ihre Kinder nicht ihre Kinder sind. Das Kind ist nur vorübergehend bei den Eltern – wie ein Gast, der eine Zeitlang bleibt und dann geht. Jedes Kind geht seinen eigenen Weg, oft einen anderen als die Eltern es sich wünschen. So war es auch bei mir. Ich wollte selbst herausfinden, wo es lang geht. Jeder muß selbst seinen Weg suchen, und manche von uns sind vielleicht immer noch auf der Suche. Aber solange man sucht, ist man noch nicht verloren.

Wenn wir auf unser Leben zurückschauen, sehen wir verschiedene Kreuzungen, zum Beispiel am Ende der Schulzeit. Da gab es mehrere Wegweiser, verschiedene Richtungen. Haben wir den richtigen Weg genommen? Viele würden heute einen anderen Beruf wählen, einen anderen Weggefährten heiraten. Andere würden sich nicht mehr fest an einen Partner binden. Sie möchten frei sein, ungebunden. Dagegen wären viele Alleinstehende froh, wenn jemand mit ihnen den Weg bis ans Ende ginge. Da sagt mir eine 50jährige Ärztin: »Sie haben's gut! Sie haben jemanden, der Ihnen später die Hand hält.« Manche möchten heute keine Kinder mehr, aber meine verwitwete Nachbarin sagt immer wieder: »Ach, wenn ich doch auch Kinder hätte…!«
Wir alle sagen oder denken manchmal: Ach, wenn ich damals doch… Wäre ich nur nicht… Könnte ich noch einmal … Aber solche Gedanken bringen uns keinen einzigen Schritt weiter. Wir können unseren Weg nicht rück-gängig machen. Wir können unser Leben nicht mehr von vorne anfangen. Manche möchten das, allerdings – so sagen sie – mit der Erfahrung, die sie heute haben. Aber die Erfahrung gewinnt man erst unterwegs. Erfahrung kommt von Fahren.
Liebe Zuhörer! Möchten Sie noch einmal am Anfang Ihres Lebensweges stehen? Ich nicht. Ich bin froh, daß ich die ganze Strecke nicht mehr vor mir habe. Ich weiß auch nicht, ob ich heute einen anderen Weg gehen würde. Es mag sein, daß ich den einen oder anderen Fehler nicht mehr machen würde, aber dafür wohl andere. Denn kein Mensch kann seinen Weg gehen ohne Fehltritte. Bei jedem von uns ist im Leben einiges daneben gegangen. Trotzdem hoffe ich, daß wir alle zu unserem bisherigen Weg stehen können. Manche Strecke mag sehr beschwerlich gewesen sein, aber dadurch sind wir auch weitergekommen. Wenn im Leben alles von alleine geht, heben wir ab und fallen auf

die Nase. Eine steile Karriere hat schon manchen zu Fall gebracht. Manchmal ist es gut, daß wir unterwegs mal straucheln und zu Fall kommen. Betrachten wir es einmal von der Seite: von unten sehen wir mehr als von oben…

Musik

Manche von uns kamen im Leben gut voran – ohne größere Hindernisse. Jahrzehntelang ging es immer geradeaus, bis plötzlich der schöne Weg durchkreuzt wurde: ein Unfall, ein Herzinfarkt, eine Krankheit, ein Schlaganfall. Schlagartig wurden wir aus der Bahn geworfen, und seitdem befinden wir uns mitten in der Wüste. Da ist kein Weg, kein Wegweiser. So kann es aber doch nicht weitergehen. Es muß doch einen Ausweg geben! Sobald wir in einer ausweglosen Lage sind, fragen wir nach dem Warum. Warum ich? Womit habe ich das verdient? Solange es uns aber gut ging, sagten wir: »Jeder ist seines Glückes Schmied!« Da kamen wir nicht mal auf die Idee, zu fragen: Womit habe ich das verdient, daß es mir so gut geht und vielen anderen so schlecht?

Vielleicht haben wir geglaubt: Gott belohnt die Guten und bestraft die Bösen – bis es uns dann getroffen hat. Dabei sind wir den geraden Weg gegangen, während andere schon längst von der rechten Bahn abgekommen sind – aber denen passiert nichts. Das ist doch ungerecht! Hiob hat recht, wenn er sagt:

Es gibt Menschen,
die nach Gottes Geboten leben
und trotzdem elend umkommen.
Aber andere, die Unrecht tun
und sich um Gott nicht kümmern,
genießen ihr Leben
bis ins hohe Alter.

Liebe Zuhörerinnen und Zuhörer! Daß Gott die Guten belohnt und die Bösen bestraft, diese Rechnung geht nicht

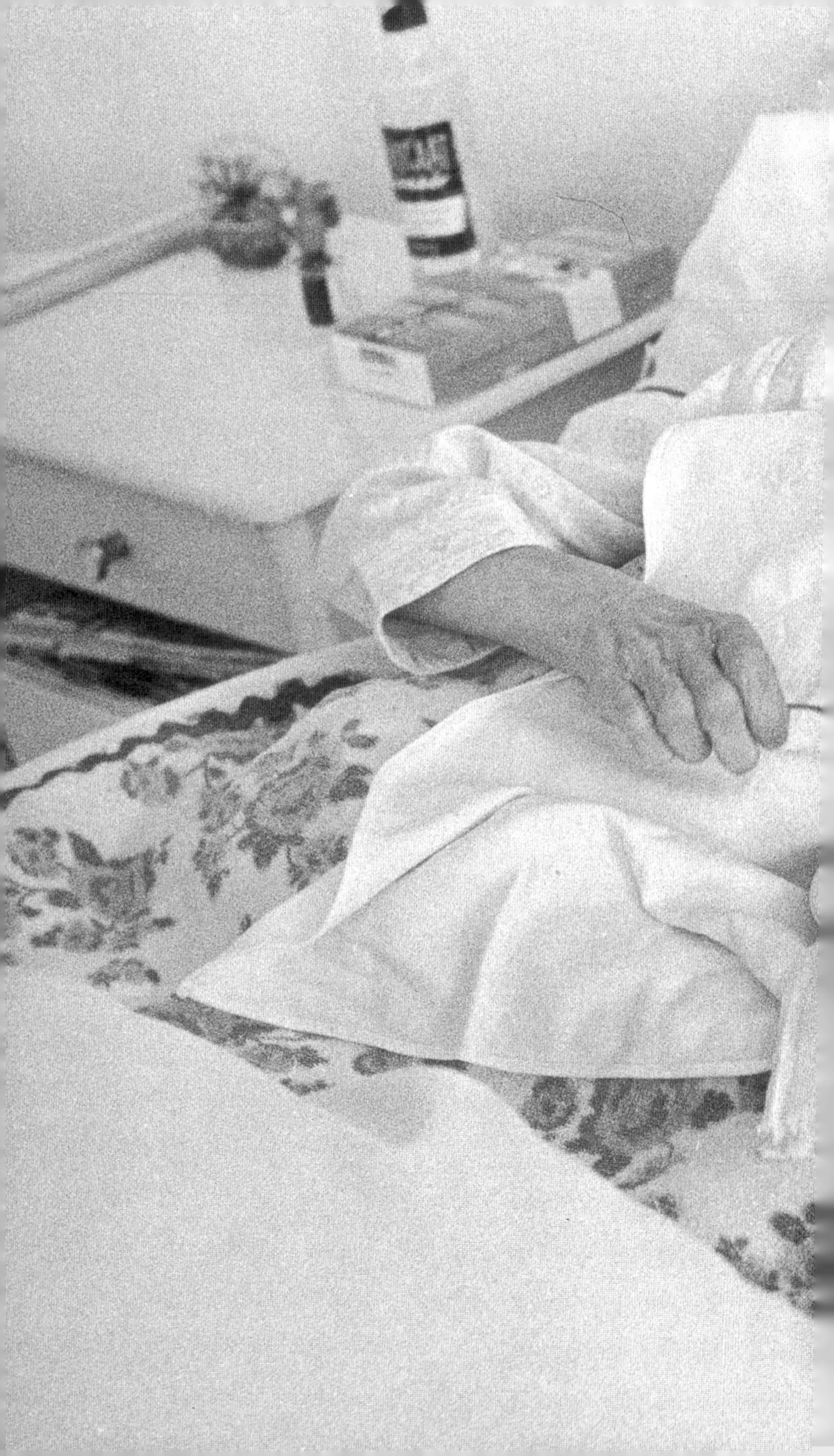

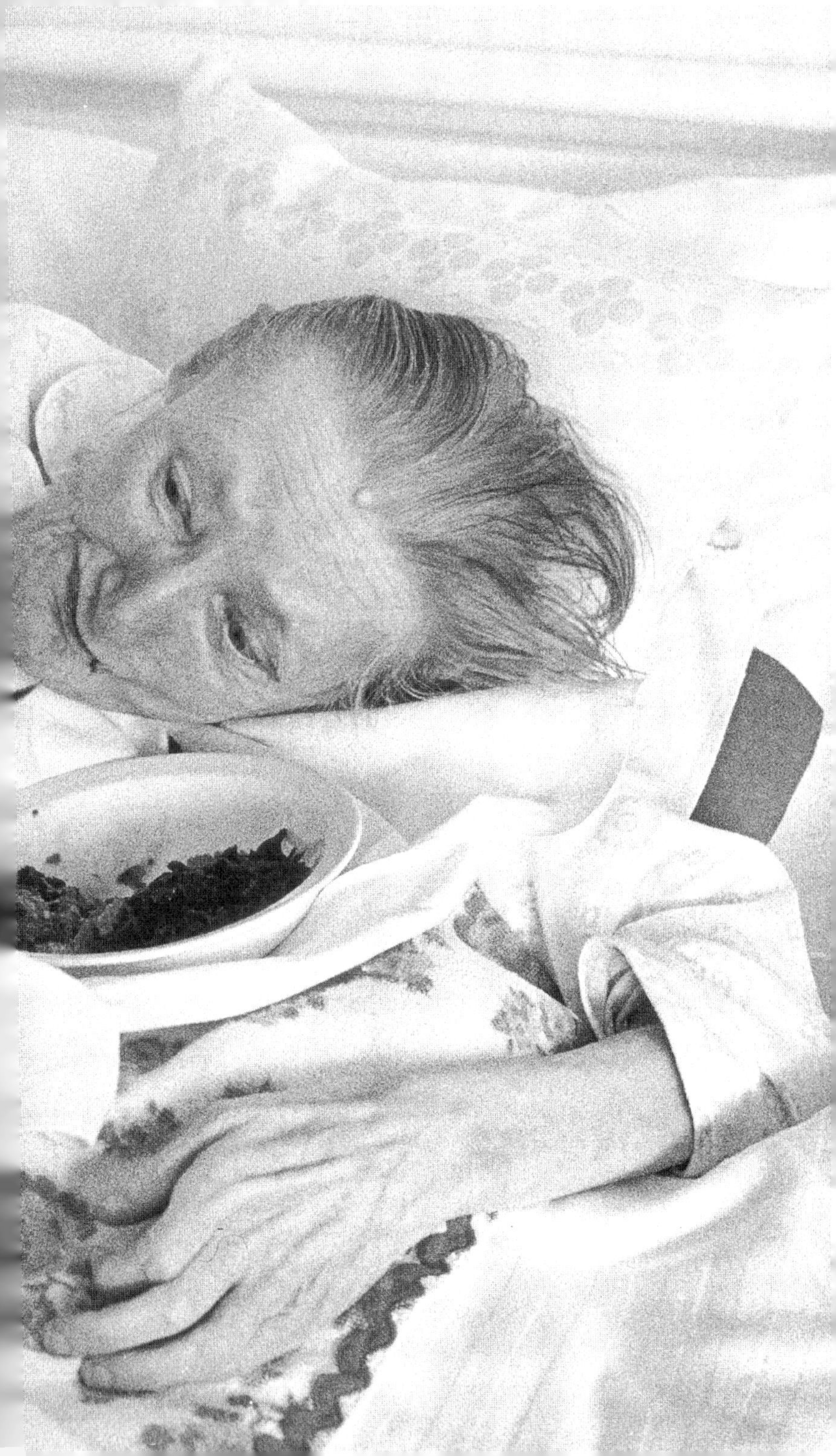

auf. Und es ist auch gut so. Sonst könnten wir meinen, daß Gott es uns schuldig wäre, uns für unser Wohlverhalten zu belohnen. Die Bibel sagt mit keinem Wort, daß dem Glaubenden nichts passiert und er von allem Leid verschont bleibt. Im Gegenteil. Die Frage des Hiob nach dem Warum bleibt ohne Antwort. Alle Antworten sind nur Worte.
Zufall – sagt man. Aber warum fällt dem einen ein so schweres Los zu, und warum fällt dem anderen buchstäblich alles in den Schoß?
Es gibt noch ein anderes Wort: Schicksal. Aber was ist das? Eine Gottheit? Eine dunkle Macht über den Sternen, die unseren Lebensweg bestimmt? Schicksal heißt doch eigentlich nichts anderes als: Pech gehabt. Sollen wir uns damit trösten? Sollen wir das auf den Grabstein der Unglücklichen schreiben, die es unterwegs getroffen hat?
Andere sprechen von Fügung. Es ist alles Gottes Wille. Aber will Gott wirklich, daß wir Menschen so leiden? Will Gott uns bestrafen mit einer Krankheit? Es gibt viele, die das glauben. Aber woher wollen wir denn wissen, was Gott will? Wir können seine Gedanken nicht nach-denken. Sie sind viel zu hoch für uns. Wir können sie nicht fassen, greifen. Wir können Gott nicht begreifen. Er ist ein Geheimnis. Und auch der Sinn einer Krankheit bleibt geheim, uns Menschen verborgen. Mit all unseren Erklärungen können wir keine Klarheit bringen in das dunkle Warum. Und selbst wenn wir wüßten, warum wir krank sind, würden wir weiter fragen: Wieso hat es gerade mich getroffen? Warum gerade jetzt? Was ist der Sinn?
Diese Fragen können wir nicht beantworten. Auch bei Jesus finden wir keine Antwort. Allerdings zeigen uns seine Begegnungen mit Kranken, daß er Krankheit nicht für eine Strafe Gottes hält. Er fordert die Kranken nicht auf, ihre Krankheit als gottgewollt hinzunehmen und sich zu fügen. Jesus sagt zu keinem: »Es ist gut für Dich, daß Du lahm

bist. Es ist besser für Dich, daß Du blind bleibst.« Jesus nennt Krankheit auch keinen Segen, was heute so viele Propheten behaupten.
Liebe Zuhörerinnen und Zuhörer! Zerbrechen wir uns nicht länger den Kopf über die Frage nach dem Warum. Es bringt uns keinen Schritt weiter auf unserem Weg, auf unserem Kreuzweg. Schauen wir lieber auf Jesus. Er war kein Held. Auch er hatte Angst: »Vater, wenn es möglich ist, dann laß diesen Kelch an mir vorübergehen. Aber nicht mein Wille, sondern Dein Wille geschehe!« Und als er spürt, daß es kein Entkommen gibt, beugt er sich und legt sein Geschick in die Hand seines Vaters. Letztlich ist sein Vertrauen stärker als seine Angst. Und dieses Vertrauen gibt ihm die Kraft, den Kelch zu trinken bis zur Neige. Der Tod Jesu zcigt uns, daß es nicht immer ein Happy-End gibt. Auch für den gläubigen Menschen kann es »bös« ausgehen. Gott bewahrt uns nicht vor einem bösen Ausgang und rettet uns nicht vor dem Untergang. Gott hält nicht Not und Tod von uns fern, aber Er erhält uns durch die Not hindurch. Auf Ihn können wir uns getrost verlassen, er verläßt uns nicht.

Wer nur den lieben Gott läßt walten
und hoffet auf ihn allezeit,
den wird er wunderbar erhalten
in aller Not und Traurigkeit.
Wer Gott dem Allerhöchsten traut,
der hat auf keinem Sand gebaut.

Was helfen uns die schweren Sorgen,
was hilft uns unser Weh und Ach?
Was hilft es, daß wir alle Morgen
beseufzen unser Ungemach?
Wir machen unser Kreuz und Leid
nur größer durch die Traurigkeit.

So ist es. Was helfen uns all unsere Sorgen? Manches kommt so oder so. Unsere Sorgen können das nicht verhindern. Und oft kommt es im Leben auch ganz anders, als wir denken. Wie oft haben wir uns schon umsonst Sorgen gemacht! Was hilft uns unser Weh und Ach? Und trotzdem stimmen wir immer wieder unser Klagelied an und stellen uns an die Klagemauer. Wir klagen unser Leid und beklagen uns, daß wir es so schwer haben. Wir klagen andere an, die uns Steine in den Weg legen. Dabei stolpern wir manchmal über unser eigenes Ich und stehen uns selbst im Weg. Unsere Klagen sind oft Anklagen. Auch Gott klagen wir an. Warum hat Er das zugelassen? Mein Weg ist doch schon mühsam genug. Ein schmaler Pfad, der steil hinaufführt. Manchmal ist es eine Gratwanderung, und ich habe Angst, daß ich abstürze. Manchmal lasse ich mich fallen. Ich bin am Boden, am Ende. Ich habe keine Kraft mehr. Ich kann nicht mehr. Und ich will auch nicht mehr. Aber dann krabbele ich mich doch wieder hoch. Ich habe alle Mühe, mich aufrecht zu halten. Ich versuche, mir nichts anmerken zu lassen, dabei bin ich voller Angst. Angst, daß der Tumor bösartig ist. Angst vor der Operation. Angst vor dem Alt-Sein. Angst vor dem Sterben. Angst vor dem »Danach«. Manchmal gerate ich in Panik, möchte davonrennen, aber ich bin wie gelähmt.
»Bald geht's wieder aufwärts!« – »Du schaffst das schon.« Aber mit solch gut gemeinten Worten ist mir nicht geholfen. Wenn mir etwas hilft, dann ist es die Hand von einem Menschen. Sie sagt mir, daß ich nicht allein bin – und gerade davor habe ich soviel Angst.
Viele Menschen haben niemanden, der ihnen die Hand hält. Viele warten vergeblich darauf, daß endlich einer kommt, der zu ihnen hält. Sie sind allein, allein gelassen mit ihrer Angst. Aber sind wir letztlich nicht alle allein – auch wenn uns jemand liebevoll die Hand hält? Kein Mensch kann uns auf Dauer halten. Kein Mensch kann uns am Ende den Halt geben, den wir brauchen.

Das kann nur Gott. Er streckt uns seine Hand aus. Sie gibt uns Halt, wenn alles zusammenbricht und sonst nichts mehr hält. Halten wir uns fest an Gottes Hand, dann gehen wir nicht zugrunde – komme, was da wolle. »Und muß ich auch wandern durch finstere Schlucht, ich fürchte kein Unheil, denn Du bist bei mir.« So spricht vertrauensvoll der Psalmist. Denn Du bist bei mir… So betet ein Mensch, der sich führen läßt. Er sagt zu seinem Gott: »Ich weiß zwar nicht, wohin zu mich führst, aber ich bin gewiß, daß Du mich führst. Auch wenn der Weg, der vor mir liegt, noch so dunkel ist, und ich nicht weiß, was morgen wird: Ich fürchte kein Unheil, denn Du bist bei mir. Auch wenn ich den Boden unter den Füßen verliere, ich habe dennoch keine Angst, daß ich verloren gehe, denn Du bist bei mir…«

Wie schön, wenn wir mit unserem Wegbegleiter so reden können. Aber es gibt auch Strecken auf unserem Weg, da können wir nicht beten. Wir sind sprachlos. Stumm laufen wir hinter unserem Wegführer her. Wir kommen nicht mehr mit. Wir wollen ihm nicht mehr folgen. Sieht er denn nicht, wohin er mich geführt hat? Manchmal rennen wir unserem Wegführer davon. Wir wollen ihn los werden. Wir möchten nichts mehr mit ihm zu tun haben. Aber er läuft uns nach, bis er uns wieder eingeholt hat. Auch wenn wir uns noch so weit von ihm entfernt haben, er sucht uns – wie das verlorene Schaf. Und wenn er es wieder gefunden hat, nimmt er es auf die Schulter und trägt es heim.

Liebe Zuhörer und Zuhörerinnen! Ob wir jetzt im Auto fahren oder krank im Bett liegen, ob wir uns auf einer schönen Straße befinden oder mitten in der Wüste, wo immer wir sein mögen, wir werden ans Ziel gelangen. Niemand von uns wird auf der Strecke bleiben. Einen jeden wird er heimholen. Diese Zuversicht gibt uns die Kraft, unseren Weg weiterzugehen. Die Gewißheit, daß wir zu guter Letzt bei Ihm ankommen, gibt uns den Mut, den nächsten Schritt zu wagen.

Halten wir uns fest an Seiner ausgestreckten Hand, und gehen wir mit Ihm Schritt für Schritt. Er führt uns hinaus aus der Wüste ins gelobte Land. Da werden uns die Augen aufgehen, und plötzlich werden wir unseren Weg mit ganz anderen Augen sehen. Da wird uns dann endlich aufgehen, wozu wir unser Leben lang unterwegs waren.

Kreuzwegstationen

Viermal im Jahr findet in einer der Stuttgarter Kirchen eine »Stille Stunde« statt, um der Aidsopfer zu gedenken. Zur ersten »Stillen Stunde« in der Eberhardskirche kamen über 100 Infizierte und Kranke, ihre Freunde und Angehörige sowie Hinterbliebene der Verstorbenen. Auch Mitglieder christlicher Gemeinden und Ordensschwestern nahmen teil. Für viele Betroffene war es schwer, den Kreuzweg Jesu mitzugehen und den eigenen Leidensweg wieder neu zu durchleiden. Aber es war auch tröstlich, zu spüren: Du bist nicht allein.

Wir sind hier zusammengekommen, um in Stille der Menschen zu gedenken, die an Aids gestorben sind. Das sind hier in Stuttgart und Umgebung etwa 100 Männer, Frauen und Kinder. In San Francisco sind es 10000, also hundert Mal mehr. Daß es mit Aids anderswo noch viel schlimmer ist, vermag uns in unserer Trauer nicht zu trösten, ebensowenig wie der Hinweis, daß andere es noch viel schwerer haben als wir. In dieser Stunde können wir nicht nur schweigen, denn allzu oft schon wird das Leben und der Tod der Aidskranken tot-geschwiegen. Wir möchten aussprechen, was Not tut. Und auch die Trauer der Angehörigen soll hier zur Sprache kommen.
Vor ein paar Tagen sagte mir die Mutter von einem jungen Mann, der vor fünf Monaten gestorben ist: »Ich komme nicht darüber hinweg. Es gibt so vieles in der Wohnung, was mich an unseren Thomas erinnert: seine Kleider, seine Schuhe, seine Bilder. Gestern stand ich am Fenster und sah draußen einen jungen Mann, der hatte den gleichen Gang wie unser Thomas. Da mußte ich wieder weinen...«
So geht es vielen Müttern und auch anderen Hinterbliebenen: Sie kommen nicht darüber hinweg. Aber das ist nicht nur bei Aids so. Die Hinterbliebenen von anderen Verstorbenen trauern nicht weniger; sie leiden den gleichen Schmerz. Aber der Weg bis zum Tod ist bei Aids ein anderer als bei einer »normalen« Krankheit. Die Aids-Infizierten und -Kranken gehen einen besonders steinigen Weg. Ihr Leidensweg erinnert an den Kreuzweg Jesu.
So werden wir nachher bei einigen Stationen des Kreuzweges verweilen, zunächst möchten wir noch ein wenig innehalten.

Station: Jesus wird zum Tode verurteilt

Da steht er nun – der König: geschmückt mit rotem Spottmantel, gekrönt mit der Dornenkrone, blutende Wunden am ganzen Leib, die Hände gebunden. Schweigend nimmt

Jesus sein Todesurteil entgegen. Was sollte er auch sagen? Er weiß, daß er keine Chance hat. Er schweigt wie ein Schaf, das zur Schlachtbank geführt wird.
Viele Männer und Frauen sagen: »Als der Arzt mir mein Testergebnis mitteilte, hatte ich das Gefühl, daß mir mein Todesurteil eröffnet wurde.« Die meisten nehmen es schweigend entgegen. Sie sind sprachlos, stumm.
Das Todesurteil ist für die Betroffenen meist ein schwerer Schock – für manche Drogenabhängige ein heilsamer Schock. Sie lassen auf einmal die Finger von den Drogen, denn sie wollen die Zeit, die ihnen noch bleibt, leben. Andere dagegen meinen, daß sie nun nichts mehr zu verlieren haben und drücken sich jetzt erst recht richtig zu.
Mancher Infizierte fühlt sich wie ein Todeskandidat. Zwar kann die Gnadenfrist, die Schonzeit bis zum Ausbruch der Krankheit noch viele Jahre dauern, aber die Angst, daß das Todesurteil bald vollstreckt wird, lähmt viele. Manche fragen: »Warum soll ich immer wieder aufstehen und neu anfangen, wenn das Ende doch absehbar ist?« Wann das Ende kommt, weiß keiner. Aber schon die Erkältung reicht aus, um zu glauben: Jetzt ist es so weit…
Der Aidskranke kann nicht wie der Krebskranke hoffen, daß ihm durch eine Operation, Chemotherapie oder Bestrahlung geholfen wird. Mancher Aidskranke nennt sich selbst einen »hoffnungslosen Fall«.
Kein Mensch kann ohne Hoffnung leben. So hofft der Infizierte, daß beim Testergebnis vielleicht eine Verwechslung vorliegt. Viele Betroffene hoffen, daß man doch noch etwas finden wird, um ihnen rechtzeitig zu helfen. Es ist bitter, wenn solche Hoffnungen sich als Illusionen erweisen.
Den Tod vor Augen auszuhalten, kostet viel Kraft, vor allem dann, wenn man noch mitten im Leben steht. Viele Betroffene sind noch jung, jünger als Jesus.

Stille

Station: Jesus begegnet seiner Mutter

Maria steht am Weg. Sie schaut ihren Sohn an. Ihre Blicke kreuzen sich. Und dieser Augen-Blick trifft beide ins Herz. Maria tut es weh, ihren Sohn so leiden zu sehen. Und Jesus ist es peinlich, seiner Mutter so gegenüber zu stehen.
Auch ohne Nabelschnur bleibt eine Mutter aufs innigste mit ihrem Kind verbunden. Das Leid ihres Kindes ist auch ihr Leid. Das weiß auch das Kind. Darum verschweigen »es« manche Infizierte ihrer Mutter, um ihr das Leid zu ersparen. Vor allem schwule Infizierte halten »es« ihrer Mutter gegenüber oft lange Zeit geheim, bis dann eines Tages alles ans Licht kommt.
Da kann es dann passieren, daß eine Mutter zu ihrem Sohn sagt: »Warum hast du nicht auf mich gehört und wie alle anderen geheiratet? Dann wäre uns die Schande erspart geblieben.«
Aber viele Mütter stehen auch zu ihrem Kind – ohne Wenn und Aber. Sie kümmern sich nicht um das Gerede der Leute. Als ich noch auf dem Hohenasperg war, ist mir schon aufgefallen, daß viele Gefangene nur noch von ihrer Mutter Besuch bekommen. Da habe ich manche Mutter sagen hören: »Er ist immer noch mein Kind.« Nicht wenige Mütter stehen ihrem aidskranken Kind treu zur Seite und halten ihm die Hand. Es ist beruhigend, an der Hand seiner Mutter zu sterben.

Ave Maria

Station: Simon von Zyrene hilft Jesus das Kreuz tragen.

Jesus ist so erschöpft, daß er das Kreuz nicht mehr tragen kann. Da wird ein gewisser Simon von Zyrene gezwungen, den Querbalken zu tragen. Simon ist Ausländer, er stammt aus Tripolis in Nordafrika.

Auch mancher Aidskranke wäre ohne Ausländer noch viel ärmer dran. Da ist der 50jährige Fußballtrainer, der einst als Fußballer auf Händen getragen wurde. Inzwischen haben ihn alle fallen lassen. Kein Mensch besucht ihn. Eine Afrikanerin macht ihm den Haushalt, versorgt und pflegt ihn.
Nicht selten tragen auch die eigenen Familienangehörigen das Kreuz des Kranken mit und machen das Leid erträglicher. Auch Freunde, Buddies, Schwestern und Ärzte helfen mit. Manchmal sind alle Helfer hilflos und wissen nicht weiter. Ab und zu geschieht auch noch ein Wunder. Da ist z.B Gerhard, 32 Jahre alt. Er wiegt nur noch 47 kg bei 1.80 m Größe, aber er kann nicht länger im Krankenhaus bleiben, weil sein Bett dringend gebraucht wird. Gerhard weiß nicht wohin, denn er ist obdachlos. Bei einem fremden Ehepaar bekommt der Aidskranke ein Zimmer – mit Familienanschluß.
Bei meiner Arbeit lerne ich Menschen kennen, die in aller Stille helfen. Manche helfen mit einer Spende. Als ich letzten Sonntag in der Stiftskirche auf die finanzielle Notlage vieler Aidskranken hinwies, kamen nicht weniger als 4000 Mark zusammen. So erlebe ich immer wieder, daß Mitmenschen versuchen, das Leid der Aidskranken zu lindern. Die Menschen sind nicht so schlecht wie ihr Ruf.

Stille

Station: Jesus fällt zum dritten Mal unter dem Kreuz

Jesus hat sich abgeschleppt, nun kann er nicht mehr. Er ist am Ende seiner Kräfte. Unter der Last des Kreuzes bricht er zusammen. Es ist zuviel.
Auch mancher Aidskranke ist am Boden: Erst die Lungenentzündung, dann folgte die Toxoplasmose und jetzt schon wieder eine Lungenentzündung. Das ist zuviel.

Ich denke an Ingrid, die von ihrem Mann infiziert wurde. Als er letztes Jahr starb, blieb sie mit drei Kindern zurück. Eine Zeitlang war sie dann mit einem früheren Freund zusammen. Er verstarb vor ein paar Wochen an Aids. Ingrid sagt: »Ich wäre froh, wenn ich es auch schon hinter mir hätte.«
Das Leben mancher Aidskranken ist ein Kreuzweg. Da ist Petra, die als kleines Kind von ihrem Vater mißbraucht wurde. Mit 14 ist sie schon drogensüchtig. Straße, Knast, Therapie, Straßenstrich, Knast, Psychiatrie sind die Stationen ihrer Drogenkarriere. Und jetzt noch Aids. Endstadium. Endstation.
Auch Petras Mutter ist am Boden: Sie hat drei Töchter. Zwei haben Aids. Die dritte war im Knast und hat auch Drogenprobleme. Und trotzdem rafft sich die Mutter immer wieder hoch und hilft ihren drei Töchtern das Kreuz tragen.

Flötenstück

Station: Jesus wird an das Kreuz genagelt

Nachdem Jesus auf dem Golgotafelsen angekommen ist, wird er seiner Kleider beraubt. Dann wird er aufs Kreuz geworfen. Die Soldaten durchbohren seine Hände und Füße und schlagen ihn ans Kreuz.
Als ich Jürgen frage, wie er sich fühlt, antwortet er: »Ich habe das Gefühl, daß ich ans Kreuz geschlagen werde.« Manche Aidskranke sind festgenagelt auf ihrem Krankenlager. Nur unter größter Anstrengung können sie ihre Glieder rühren. Viele haben nicht nur Schmerzen zu ertragen, sondern müssen auch die Isolierung aushalten. Sie liegen allein, alleingelassen in einem Zimmer und starren zur Decke. Andere starren den ganzen Tag auf die kahlen Wände einer Gefängniszelle und auf ihre Gitter. Sie fühlen sich im Stich gelassen und ersticken an ihrer Einsamkeit.

KAUFHOF

Manche Aidskranke sind nur noch ein Knochengestell. Als ich letzte Woche bei Brigitte war, nahm sie meine Hand und führte sie zu ihren Rippen. »Du kannst sie zählen«, sagte sie. Brigitte wiegt noch 34 kg.
Die Krankheit entblößt den Menschen, stellt ihn bloß. Nur noch Haut und Knochen bleiben übrig von einem Körper, der einst begehrenswert war. Wenn ich den Menschen so nackt sehe, nehme ich mich anders wahr. Der Aidskranke zeigt uns, wie wir aussehen, wenn wir vom Tod gezeichnet sind. Haben wir deshalb so viel Angst vor ihm?

Stille

Station: Jesus wird ins Grab gelegt

Mit der Grablegung endet der Kreuzweg Jesu. Das ist bitter, und darum findet man hier und dort auch eine 15. Station, die die Auferstehung Jesu zum Thema hat. Ja, es ist schwer, das Dunkel des Karfreitags auszuhalten.
Grab – Friedhof – Beerdigung. Die Beerdigung findet oft im engsten Kreis statt. Als ich vorletzte Woche Stefan beerdigte, waren wir zu viert: Der Vater, die Stiefmutter und ein Freund, der auch aidskrank ist.
Bei der Beerdigung darf ich nichts über die Krankheit sagen. Das Leben des Verstorbenen muß tot-geschwiegen werden. Aus Angst – vor der Schande. Der Schein muß gewahrt bleiben. Dabei gehen uns auf dem Friedhof die Augen auf: Plötzlich sehen wir, was wirklich ist. Wir nehmen wahr, was von uns Menschen übrig bleibt.
Viele Hinterbliebene gehen aufs Grab, um sich beim Verstorbenen auszusprechen, auszuweinen. Wir weinen dem Verstorbenen nach und beweinen uns selbst, weil er uns allein zurückgelassen hat. Werden wir uns wiedersehen?
Bei der Beerdigung richten wir über dem Grab das Kreuz auf, das Kreuz Jesu Christi, das Zeichen unserer Hoffnung.

Sein Kreuz möge uns aufrichten, wenn wir bedrückt, niedergeschlagen, am Boden sind. Sein Kreuz möge uns bestärken in der Zuversicht: Nach jedem Karfreitag kommt Ostern!

Flötenmusik

Das ist der Gipfel

Ein Großteil meiner Gemeinde ist aus der Kirche ausgetreten. Von vielen weiß ich nicht, ob sie evangelisch oder katholisch sind. Kaum einer geht sonntags in die Kirche. Und trotzdem sind die Fernstehenden Jesus manchmal ganz nah. Das Kreuz verbindet sie mit ihm.
»Christus im Leid« war das Thema des Ökumenischen Stadtgottesdienstes 1993 in Stuttgart. Er fand in der Stiftskirche statt. Als ich dort die Kanzel sah, wurde mir bange…

Es ist das erste Mal, daß ich auf einer so hohen Kanzel stehe. Ich möchte aber nicht von oben herunter predigen und schon gar nicht jemanden abkanzeln, denn vor Gott stehen wir alle auf ein und derselben Stufe – auf der untersten.
Auf dem Hohenasperg, wo ich lange Jahre Seelsorger war, stand ich beim Gottesdienst immer mitten unter den Gefangenen. Und ich stand jeden Sonntag auch vor der Frage: Was singen wir heute? Am besten kennen die Gefangenen das Lied: »Großer Gott, wir loben Dich«, aber es klingt so falsch im Knast. Ich konnte es oft nicht singen. Und auch beim Lied: »Lobe den Herrn, den mächtigen König...« blieb mir manchmal die Stimme weg.
Aber auch »draußen« – in einer »normalen« Gemeinde – fällt es mir schwer, in den Lobgesang miteinzustimmen. Ich kann meine innere Stimme, die gegen den allmächtigen Gott spricht, nicht einfach überstimmen. Ich kann die Zwischenrufe in mir nicht überhören: Wo ist er denn, der alles so herrlich regieret...? In Sarajewo? In Somalia? Während wir hier beisammen sind, verhungern auf unserer Welt über 2000 Kinder. Wenn ich daran denke und die ausgemergelten Kleinen vor mir sehe, kann ich nicht einfach Loblieder singen. Manchmal frage ich Ihn: Was muß denn noch alles geschehen, bis Du endlich zeigst, daß Du auch noch da bist. Warum schweigst Du zu all dem Leid, das zum Himmel schreit?
Warum greift Gott nicht ein? Kann Er nicht? Aber dann ist Er auch nicht allmächtig. Will Er nicht eingreifen? Aber was will Er dann? Daß Kinder vor Hunger krepieren?! Und dieser Gott soll Liebe sein?
Immer wieder stoßen wir auf die Frage: Wie ist all das Leid in der zu Welt vereinbaren mit der Allmacht Gottes und mit Seiner Liebe? Das ist keine akademische Frage, sondern für viele Menschen die Frage ihres Lebens.
Ich denke z. B. an einen jungen Mann, der nicht länger damit leben konnte, daß seine Frau ihn mit anderen Männern

betrügt und seinen dreijährigen Jungen total vernachlässigt. Der Mann war fest entschlossen, in den Tod zu gehen und seinen Buben mitzunehmen, damit er nicht ins Heim kommt.
Eines Abends bringt er tatsächlich das schlafende Kind mit dem Messer um. Anschließend versucht er, sich die Halsschlagader durchzuschneiden. Ausgerechnet an dem Abend kommt seine Frau früher als sonst vom Tanzen heim. Sie findet ihren Mann bewußtlos in einer Blutlache am Boden und ruft den Notarzt. In letzter Sekunde kann er noch gerettet werden.
Bad darauf kommt der Mann zu uns auf den Hohenasperg auf die Psychiatrie. Er ist irre geworden an dem allmächtigen Gott, der – wie er sagt: »Die Wahnsinnstat doch leicht hätte verhindern können. Aber nichts hat Er getan, obwohl Er als All-wissender alles von vornherein gewußt und vorausgesehen hat!« »Wie kann Gott so etwas zulassen?« hat er mich immer und immer wieder gefragt. Und seine Frage ging noch weiter: »Hat der Herrgott das Ganze vielleicht von Anfang an sogar geplant? War ich nur sein Werkzeug? Sag mir doch, was ist das für ein Gott, der mich zuerst mein Kind umbringen läßt und mich dann zu guter Letzt noch ›rettet‹, damit ich mein Leben lang an meiner Schuld zerbreche und zugrunde gehe?«
Im Gefängnis habe ich viele Menschen kennengelernt, die schwere Schuld auf sich geladen haben, die aber Gott anklagen. Zu Seiner Verteidigung sagen wir, daß Gott jedem Menschen einen freien Willen gegeben hat, der auch von der Allmacht Gottes nicht angetastet wird. Aber vieles, was Menschen tun, ist nicht so frei-willig, wie wir Theologen glauben oder Staatsanwälte und Richter annehmen.

- Der Mann war so verzweifelt, daß er keinen anderen Ausweg mehr sah, als mit seinem Kind in den Tod zu gehen.
- Oder da ist die Frau, die jeden Abend von ihrem betrunkenen Mann geschlagen wird – viele Jahre lang. Als er ei-

nes Tages wieder betrunken auf dem Sofa liegt, schlägt sie mit der Bierflasche auf ihn ein und erschlägt ihn. Vielleicht konnte sie nicht anders.

- Da sind die vielen Gefangenen, die aus zerrütteten Familien kommen und in Heimen großgezogen wurden. Das Leid, das sie durchlitten haben, fügen sie eines Tages anderen zu. So wird das Opfer zum Täter, der Geschlagene zum Schläger. Wer ist da schuld? Es ist nicht so einfach, selbstverschuldetes Leid von unverschuldetem zu unterscheiden.

Gewiß: Es gibt viele Menschen, die wirklich unschuldig sind an ihrem Leid. Da ist zum Beispiel der 25jährige Motorradfahrer, der ohne eigenes Verschulden durch einen Verkehrsunfall querschnittsgelähmt wird. Andere haben nie jemandem etwas Böses getan, und ihnen widerfährt so viel Leid. Warum muß der Gerechte so viel leiden? Das ist doch ungerecht. »Wie kann Gott so etwas zulassen?« fragen gerade viele Rechtgläubige. Sie hadern mit ihrem Herrgott und richten an Ihn die vorwurfsvolle Frage: »Womit habe ich das verdient?«

»Womit habe ich das verdient?« Wer so fragt, der sagt damit: Es gibt andere, die haben es verdient. Sie haben es nicht besser verdient. Aidskranke zum Beispiel. Denn: Aids kriegt man nicht, so etwas holt man sich. Auf Deutsch: Wer Aids hat, ist nicht sauber. Für viele ist Aids die Strafe Gottes – auch für erschreckend viele Christen. Daß Aids mit so einem Makel behaftet ist, belastet die Betroffenen oft mehr als die Krankheit selbst. Der Aidskranke hat eine doppelte Last zu tragen: Er ist krank, und er fühlt sich schlecht, schmutzig. »Ich bin ein Schwein, ich habe es nicht besser verdient.« Oder: »Das ist die Strafe dafür, daß ich schwul bin.« Manche liegen begraben unter ihren Schuldgefühlen und schämen sich in Grund und Boden, weil sie eine so große Schande über ihre Familie gebracht haben.

Während bei einer »normalen« Krankheit die Familie enger zusammenrückt, rückt sie bei Aids vielfach auseinander. Und auch am Arbeitsplatz ist es ein Unterschied wie Tag und Nacht, ob einer Krebs hat oder Aids. Letzte Woche erzählte mir eine Aids-infizierte Frau, wie die ganze Abteilung im Geschäft sich rührend um eine Kollegin kümmert, die Brustkrebs hat. Einige Kollegen besuchen sie im Krankenhaus und daheim. Und auch der Chef persönlich bringt ihr Blumen. Fast jeden Tag ruft jemand von der Abteilung bei ihr an, um zu fragen, wie es ihr geht. »Was glauben Sie«, fragt mich die Infizierte, »was die mit mir machen würden, wenn sie wüßten, was ich habe?«
Immer wieder höre ich: »Wenn »es« herauskommt, bin ich erledigt.« Darum ziehen die meisten sich zurück und verstecken sich. Sie verschanzen sich hinter einer anderen Krankheit: Krebs oder Leukämie. Außenstehende können sich gar nicht vorstellen, wieviel Kraft es kostet, so ein Lügengebäude aufrecht zu erhalten. Und trotzdem bleibt die Angst: Vielleicht wissen die anderen doch, was ich habe.
Mir geht es nicht darum, Aids gegen andere Krankheiten auszuspielen, aber das schwerste Leiden ist die Einsamkeit. Viele Aidskranke haben niemanden, dem sie ihr Leid klagen können. Sie können sich nicht – wie andere Kranke – aussprechen und müssen »es« oft notgedrungen totschweigen. Und wenn sie dann endlich mit jemandem offen über alles reden können, da kommen manch einem die Tränen der Erleichterung.
Manche Kranke haben mir schon gesagt, daß sie sich wie Jesus am Kreuz fühlen. Damit meinen sie die Gottverlassenheit und Verzweiflung, wie sie in den Worten Jesu zum Ausdruck kommen: »Mein Gott, mein Gott, warum hast du mich verlassen?« So fängt der Psalm an, den wir vorhin zusammen gebetet haben. Viele glauben, daß Jesus am Kreuz diesen Psalm ganz gebetet hat. Wie auch immer: Un-

zählige sind durch ihr Leid so verbittert, daß sie nicht mehr beten können.
Aber man sagt doch: »Not lehrt beten.« Das stimmt sicher auch in dem Sinne, daß der Mensch erst dann Gott zu Hilfe ruft, wenn er sich selbst nicht mehr helfen kann. Wenn dann aber alles Beten und Bitten nichts hilft, verlernen viele wieder das Gebet. Sie sind enttäuscht von Gott, weil Er ihnen den Leidenskelch nicht nimmt.
Auch Jesus mußte den Kelch trinken – bis zur Neige, bis zum Tod am Kreuz. Die Kreuzigung war damals die grausamste Art, einen Menschen hinzurichten. Er war ein entsetzliches Sterben, das mit dem Erstickungstod endete, manchmal erst nach Tagen.
So hängt Jesus da – zwischen Himmel und Erde. Und man läßt ihn hängen – dem Spott der Zuschauer ausgeliefert. »Wenn du der Messias bist, dann steig doch herab!« Als Jesus in seine Ohnmacht versinkt, schreit er zu seinem himmlischen Vater, aber auch Er läßt ihn hängen – seinen geliebten Sohn.
Daß Gott ihm diesen schändlichen Tod nicht erspart hat, gibt uns zu denken. Da wird unsere Vorstellung von einem allgütigen und allmächtigen Gott brutal »durchkreuzt«. Am Kreuz zerbricht unser schönes Bild vom »lieben Gott«, aber dieses Gottesbild ist letztlich nichts anderes als unser eigenes Wunschbild, das wir auf Gott projizieren.
Unser Gott ist anders, ganz anders, als wir ihn uns wünschen. Statt daß Er den Menschen vom Kreuz holt, läßt er sich selbst aufs Kreuz legen. Nicht aus Liebe zu dem Leid, sondern aus Liebe zu den leidenden Menschen. Mit ihnen leidet er mit. Mitten im Leid ist Er uns nahe. Er bleibt nicht als der Allmächtige auf seinem himmlischen Thron sitzen und hält sich vornehm zurück, sondern er ist heruntergekommen und ist Fleisch geworden.
Was das bedeutet, wird mir klar, wenn ich das nackte Fleisch der Kranken und ihre offenen Wunden oder wenn ich die Abszesse der Fixer sehe.

Immer wieder begegne ich Menschen, die in ihrer Not auf Jesus schauen. Sie würden das sicher nicht tun, wenn er lebenssatt im Sessel gestorben wäre.
Ich sehe, daß viele Gefangene sich das Kreuz ins Fleisch eintätowiert haben. Das geht unter die Haut.
Ich höre, wie ein Lebenslänglicher mir sagt: »Wenn ich am Boden bin, dann schaue ich auf das Kreuz und denke daran, was Jesus ausgehalten hat.«
Das Kreuz ist das Zeichen des Leids für alle Geschlagenen und Geschundenen. Juden in Auschwitz ritzten mit ihren Fingernägeln ein Kreuz in die Wand ihrer Todeszellen.
Auch Jesus war Jude. Er gehörte zu dem Volk, das wie kein anderes so ungeheure Leiden durchlitten hat. Das jüdische Volk ist auf seinem endlosen Leidensweg immer wieder auch an Gott gestorben, denn Beweise für die rettende Liebe Jahwes haben die Juden in den letzten 2000 Jahren gewiß nicht mehr viele gehabt. Aber das hat ihren Glauben nicht erschüttert.
Viele gingen mit dem Lobpreis Israels auf den Lippen in die Gaskammer: »Gepriesen sei der Ewige, der Gott Israels« – Auschwitz – Treblinka – Maidanek – Buchenwald – Holocaust. »Gepriesen sei der Ewige, der Gott Israels«.
Liebe Christen! Die Juden sind für uns Christen gute Lehrer im Leid. Von ihnen können wir lernen, daß Liebe und Leid sich gegenseitig nicht ausschließen, sondern aufs engste zusammengehören, ja eins sind. Wir leben von der Liebe Gottes, und wir sterben auch daran. Aber dadurch wird das Leid noch längst nicht einsichtig. Letztlich stehen wir immer wieder vor der Frage: Wie ist das Leid der Welt in Einklang zu bringen mit einem allgütigen Gott? Diese Frage bleibt offen. Wir können das Leid nicht schlüssig erklären. Auch Jesus hat es nicht erklärt – und schon gar nicht verklärt. Er hat es nicht einmal zu deuten gesucht. Stattdessen hat er den Kampf gegen das Leid aufgenom-

men und ist gescheitert. Das Leid blieb übermächtig. Doch nur scheinbar. Golgota war nicht nur der Gipfel der Ohnmacht, sondern auch der Gipfel der Liebe. Und diese ohnmächtige Liebe ist letztlich stärker als die Macht des Leids und stärker auch als der allmächtige Tod.
Bald nachdem Jesus am Kreuz erstickt war, zeigte sich, daß er nicht tot war. Jesus ist nicht totzukriegen – obwohl er schon so oft totgesagt, totgeglaubt wurde. Jesus lebt! So ist das Kreuz nicht nur das Zeichen des Leids, sondern auch das Symbol des Lebens. Es hält uns vor Augen, daß wir durch das Leid hindurch müssen, um zum Leben zu kommen.
Aber reden wir nicht zu schnell von der Auferstehung, sondern schauen wir den Gekreuzigten an. Halten wir dem Anblick stand und stehen wir dazu: Das ist unser Gott! Ein Gott, der leidet. Nicht zu glauben! Aber glauben heißt: die Unbegreiflichkeit Gottes aushalten.
Schauen wir dem Gekreuzigten ins Gesicht, dann sehen wir die Gesichter von anderen Menschen am Kreuz. Schauen wir auf seine Wunden, dann spüren wir auch die eigenen Wunden.
Jeder hat andere Wunden, aber eine Wunde verbindet uns miteinander: die Wunde der Trennung der Kirchen. Diese Wunde ist immer noch offen, und Christus verbindet sie mit dem Band der Liebe. So sind wir miteinander aufs innigste verbunden.
Schauen wir auf seine ausgebreiteten Arme: Sie heben all unsere theologischen Meinungsverschiedenheiten auf. In seinen Armen sind wir alle miteinander umfangen, so daß wir jetzt schon eins sind.
So ist es. Amen.

Hinübergehen

In Stuttgart trifft sich regelmäßig ein Gesprächskreis »Aids und Kirchen«, dem auch schwule Pfarrer angehören. Der Kreis lud am Welt-Aidstag 1992 zu einem Gedenkgottesdienst in die Leonhardskirche ein. Viele der Anwesenden trauerten um einen verstorbenen Freund und zündeten für ihn eine Kerze an.

Wir haben soeben gehört, daß das Leben von Michael bei der Beerdigung totgeschwiegen werden mußte. So war es nicht nur bei Michael. Vor jeder Beerdigung bekomme ich zu hören: »Sagen Sie um Gottes Willen nichts über die Krankheit.« Auch wenn alle Anwesenden Bescheid wissen, darf ich »es« nicht aussprechen, muß »es« totgeschwiegen werden – aus Angst.

Die Angst, daß »es« herauskommt, begegnet mir tagtäglich. Ich sehe, daß die Angst viele Gesichter hat.

- Da traut sich die Mutter nicht, die Medikamente für ihren aidskranken Sohn in der Ortsapotheke zu holen. Lieber fährt sie mit dem Bus in die Stadt. Trotzdem hat sie Angst, daß die Arzthelferinnen im Ort den Mund nicht halten.
- Da sagt eine Mutter zu ihrem schwulen Sohn: »Wenn die Leute im Ort herauskriegen, was du hast, dann kann ich mir einen Strick nehmen.«
- Da ist die Mutter, die Angst hat, daß ihre 16jährige Carola Drogen nimmt. Und jetzt soll sie ihrer Tochter sagen, daß sie früher selbst an der Nadel hing und sich so infiziert hat?
- Da ist der Mann einer Infizierten, der bei seinen Eltern in der Gaststätte aushilft. Er kann ihnen nicht sagen, was seine Frau hat, denn dann müßten die Eltern das Lokal wohl schließen. Unlängst hat einer noch am Stammtisch ganz laut geschrien: »Solche gehören vergast!«

Daß Menschen voreinander so viel Angst haben (müssen), das ist beängstigend. Ist es nicht furchtbar, daß so viele sagen: »Wenn es herauskommt, bin ich erledigt!« Da ist es nur allzu verständlich, daß die Betroffenen sich verstecken, sich hinter einer anderen Krankheit verschanzen: Krebs, Leukämie, Hirntumor…Nur wenige trauen sich aus ihrem Versteck heraus. Einige machen dabei aber auch gute Erfahrungen,wie der Kirchenchorleiter, der sich hinstellt und vor dem versammelten Chor sagt: »Ich habe Aids!« Er

selbst hatte es nicht für möglich gehalten, daß alle so positiv reagieren.
Viele aber verstecken sich – auch vor den eigenen Angehörigen, bis dann eines Tages alles ans Licht kommt. Ich denke z. B. an den 50jährigen schwulen Lehrer, der seiner Mutter nie etwas gesagt hat. Erst als er todkrank ist und daheim sterben möchte, muß er ihr sein doppeltes Geheimnis preisgeben.
Das Leid der schwulen Aidskranken macht mich besonders betroffen, trifft mich als Mann der Kirche besonders hart. Die Verlautbarungen aus Rom sind für Schwule ein Schlag ins Gesicht. Da kann ich mich nur entschuldigen.
Ich denke an Egon, der aus der Kirche ausgetreten war. Ich habe ihn auf seinem Sterbebett um Vergebung gebeten für das Leid, das meine Kirche ihm angetan hat.
Ich habe in diesem Jahr 14 Menschen beerdigt, die an Aids gestorben sind. Die meisten von ihnen waren Drogenabhängige. Sie hatten sich über eine gebrauchte Spritze infiziert. Eine Spritze, die ein paar Pfennige kostet, kostet Menschen das Leben. Hier in Stuttgart ist es immer noch so, daß junge Menschen die Drogenpolitik mit ihrem Leben bezahlen. Das schreit zum Himmel!
Der älteste Drogenabhängige, den ich beerdigt habe, war 41 Jahre. Alle verstorbenen Fixer sind in ihrem jungen Leben mehrere Tode gestorben. Alle standen sie seit langem mit einem Bein im Grab. Und als sie dann noch erfuhren, daß sie das Todesurteil in der Tasche hatten, war ihnen alles egal, und sie drückten sich erst richtig zu.
Auch bei jungen Menschen ist der Tod oft eine Erlösung. Der Tod erlöst sie von ihrer Sucht. Und auch für die Angehörigen ist der Tod oft eine Erlösung, ja eine Lösung – ebenso wie für uns Helfer. Der Tod erlöst uns, die wir helfen wollen, von der Illusion, daß wir den Drogenabhängigen helfen können. Die Drogenabhängigen zeigen uns die

Grenzen unseres Helfens. Sie zeigen uns, was für hilflose Helfer wir sind.
Jeder Aidskranke zeigt uns unsere Grenzen, er zeigt uns die absolute Grenze unseres Lebens. Er öffnet uns die Augen vor dem, was wir nicht (mehr) wahrnehmen und wahrhaben wollen: unsere Begrenztheit, unsere Hinfälligkeit. Der Aidskranke ist unser Spiegelbild. In ihm sehen wir, wie wir aussehen, wenn wir vom Tod gezeichnet sind. Darum haben wir so sehr Angst vor ihm.
Die Begegnung mit vielen todgeweihten Menschen hat mich verändert. Ich erlebe mein Leben anders, seit ich mit Menschen zusammen bin, die nur davon träumen können, so alt zu werden, wie ich jetzt bin. Da ist Sabine, 26 Jahre, die mir sagt: »Wenn ich Glück habe, werde ich 30.« Und Hans sagte mir vorhin noch im Bürgerhospital: »Ich bin froh, wenn ich Weihnachten noch lebe.«
Aidskranke haben oft noch eine sehr bescheidene Lebenserwartung. Dagegen ist meine Lebenserwartung weit überzogen und auch ungerecht. Ich habe kein Recht darauf, 70 oder 80 zu werden. Vielmehr kann ich dankbar sein für die Zeit, die mir bisher geschenkt wurde. Dankbar bin auch ich für all das Gute und Schöne, das ich bei meiner Arbeit erlebe.

- Ich sehe manchen Helfer, manchen Buddy von der Aids-Hilfe, der in aller Stille viel Gutes tut.
- Ich sehe, wie einer seinem Freund stumm die Hand hält und damit sagt: »Du, ich lasse Dich nicht im Stich. Ich bleibe bei Dir.«
- Ich sehe, wie eine Mutter zu ihrer »gefallenen« Tochter steht, obwohl die ganze Familie ihr sagt: »Du hast wohl vergessen, was sie dir alles angetan hat.«
- Ich sehe, wie Jugendliche in Lederjacken am Sterbebett ihres Freundes stehen und wie sie ihn streicheln.
- Ich sehe, wie eine junge Frau – nur noch Haut und Knochen – ihre sterbende Bettnachbarin tröstet und ihr die Tränen trocknet.

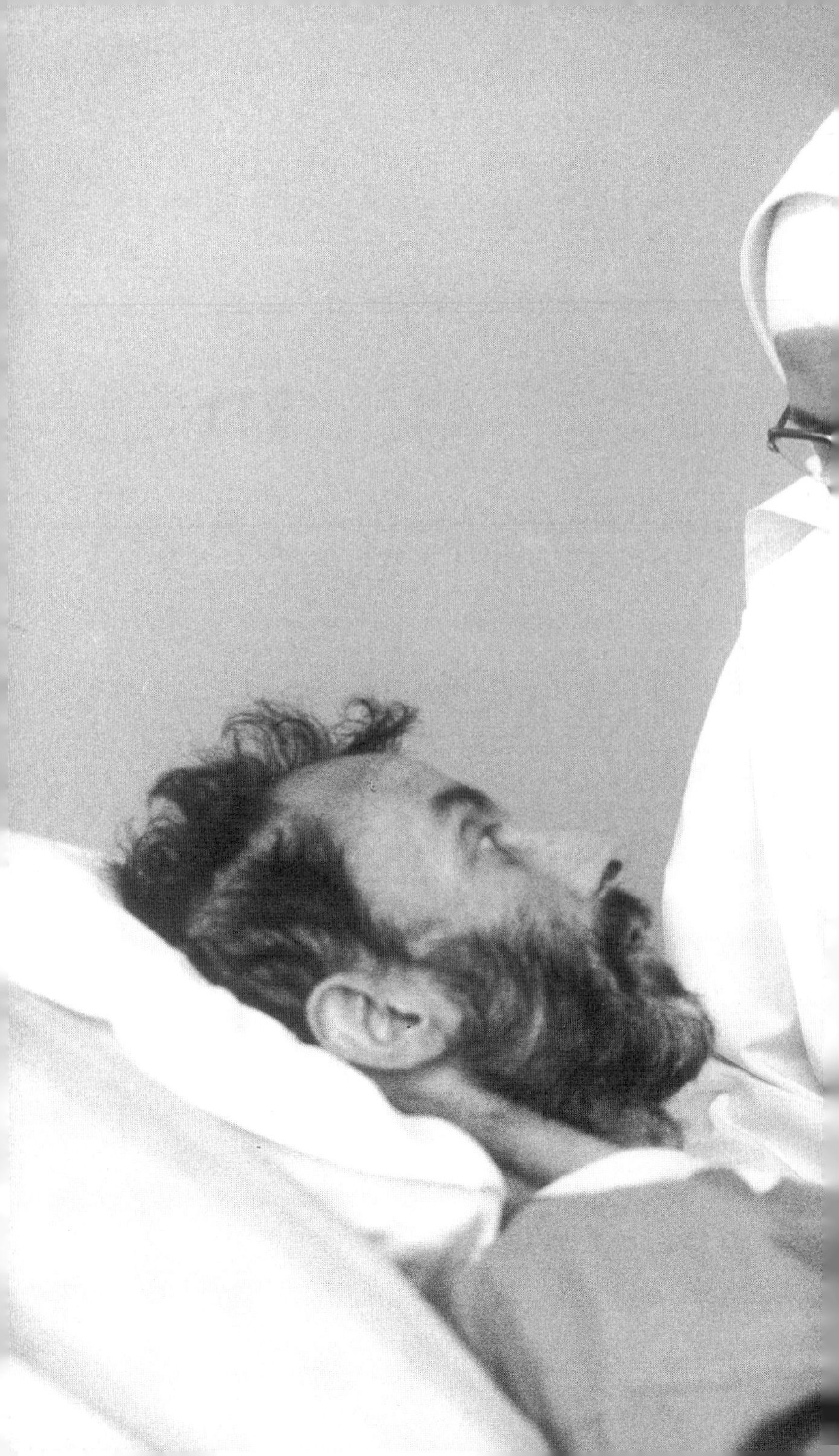

Ich sehe, daß die Liebe größer ist als all das Leid. Die ohnmächtige Liebe ist stärker als der allmächtige Tod. Gewiß, der Tod zeigt uns seine Macht – oft sehr grausam. Er läßt uns unsere Ohnmacht spüren – eiskalt. Er zeigt uns, daß wir immer und überall im Schatten des Todes leben. Der Tod ist todsicher. Keine Frage. Die Frage ist nur, ob mit dem Tod alles aus ist oder ob der Tod nicht vielmehr das Tor zu einem ganz anderen Leben ist. Wie dieses Leben aussieht, wissen wir nicht, und auch wir Theologen sollten nicht so tun, als wüßten wir genau Bescheid. Wir können uns das Leben nach dem Tod nicht einmal vorstellen. Es übersteigt unser Vorstellungsvermögen, daß wir den Tod überleben. Aber als Kind im Mutterleib hätten wir uns auch nicht vorstellen können, daß wir die Geburt überleben. Durch den Tod werden wir neu geboren. Gott läßt die Toten leben! Er läßt nicht zu, daß Gras wächst über unserem Grab. Das Leben ist stärker als der Tod. Das sagen mir auch die Chrysanthemen von Egon, die am Tag seiner Beerdigung plötzlich anfingen aufzublühen.
Je mehr Menschen ich sterben sehe, desto weniger Angst bekomme ich vor meinem eigenen Tod. Die Sterbenden bestärken mich in der Zuversicht, daß der Tod nur ein Hinübergehen ist. Im Angesicht des Todes höre ich Andreas sagen: »Ich gehe jetzt.« – »Ich mache mich auf die Reise.« Und Thomas verabschiedet sich von seinen Eltern mit den Worten: »Ich gehe vor und halte Euch drüben einen Platz frei.« Mir fällt immer wieder auf, wie friedlich, ja glücklich viele Verstorbenen aussehen, nachdem sie hinübergegangen sind. Es ist, als ob sie durch den Tod ihren Frieden gefunden hätten.
Weil ich oft am Sarg oder vor der Urne eines Verstorbenen stehe, sehe ich, was von uns allen am Ende übrig bleibt: eine Handvoll Asche, ein Häufchen Staub. Da gehen mir die Augen auf: Es ist so egal, woran einer gestorben ist. Alles, was uns so wichtig erscheint, ist letztlich so unwichtig,

ja nichtig. Unser Theater hat auf die Dauer keinen Bestand, all unsere Bühnen und Kulissen brechen zusammen, zerfallen. Das vergessen wir allzu oft. Gott sei Dank vergißt Er es nicht.
Darum brauchen wir keine Angst zu haben, daß Er mit uns ins Gericht gehen wird. Statt uns zu richten, wird Er uns aufrichten. Denn unser Gott ist barmherzig, Er hat ein Herz für uns arme, armselige Menschen. Er ist reich an Güte. So heißt es in Psalm 103, den ich bei jeder Beerdigung bete:

> Der Herr ist barmherzig und gnädig,
> langmütig und reich an Güte.
> Denn so hoch der Himmel über der Erde ist,
> so hoch ist seine Huld über denen, die Ihn fürchten.
>
> So weit der Aufgang entfernt ist vom Untergang,
> so weit entfernt Er die Schuld von uns.
> Wie ein Vater sich seiner Kinder erbarmt,
> so erbarmt sich der Herr über alle, die ihn fürchten.
> Denn Er weiß, was wir für Gebilde sind;
> Er denkt daran: Wir sind nur Staub.
>
> Des Menschen Tage sind wie Gras,
> er blüht wie die Blume des Feldes.
> Fährt der Wind darüber, ist sie dahin,
> der Ort, wo sie stand, weiß von ihr nichts mehr.
> Doch die Huld des Herrn währt immer und ewig…

Fotonachweis
(Seitenangaben)

Castro-ANTHONY, Starnberg am See: 106/107
CHRISTOPH / present, Essen: 44/45, 51
HERZOG / present, Essen: 14, 81
KNA-Bild, Frankfurt: 22/23, 38, 56/57, 73, 76/77, 84/85, 88/89, 96, 128, 132, 138/139
PAN-FOTO / Günter Zint, Hamburg: 10, 34/35
Pfeiffer-ANTHONY, Starnberg am See: 120/121
Presse-Bild-Poss, Siegsdorf: 111
STARK / present, Essen: 99
Torsten Schmidt, Bremen: 68/69
van der Kallen-ANTHONY, Starnberg am See: 31